JN074867

東西学術研究所研究叢書第17号
風景表象研究班

風景表象の比較史

野間　晴雄　編著

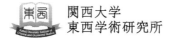

関西大学
東西学術研究所

は じ め に

主幹 野 間 晴 雄

　風景というごくありふれたソフトな言葉は，その用語が使われた歴史をたどってみると，その奥行きもひろがりも思いのほか広い。一元的な価値観ではとても括れない。その議論は，哲学，美学・美術史，地理学，建築学・建築史，土木工学，造園学などにおよび，多様な，しかし多分に分野ごとの閉塞的な議論がこれまで展開されてきた。

　一方，それと対比されるように，景観という言葉は，さまざまの学問分野で用いられるハードな用語である。景観工学，景観生態学，文化景観，自然景観など定義とともに客観的・普遍的な存在として用いられてきた。

　そのどちらの日本語も，英語では landscape，scenery，ドイツ語では Landschaft があてられるだろう。フランス語ならば paysage がまっさきに頭に浮かぶ。そのなかで，とりわけ landscape や Landschaft には，自然の風景・景観という意味合いが強いことは否定できない。

　ただ，いずれの言語でも，可視的な存在であり，一定の広がりをもった存在という点では共通する。また，風景がより主観的な存在であり，景観が客観的，操作的概念という違いにはあるにしても，そこに人間の認識という介在物がはいることも似ている。

　その認識と意味は，言語学・記号学でいう，シニフィアン（signifiant：記号表現，能記）とシニフィエ（signifié：記号内容，所記）の関係としてとらえられる。そこにこの共同研究では，具体的な対象を措定した。それがソシュール流にいうレフェラン（référent：指示対象）である。

　具体的には，それがさまざまな具体的風景／景観である。風景表象は，

i

眺める対象としての自然や社会の状況でもある。風景表象とは，それらを独立した対象物として知覚することが可能になったときに成立した観念といえよう。その意味では，歴史的な概念であるし，往々にしてそれは近代という時代と結びつく。風景表象は，こうした知覚経験やその記憶が何らかの意図や意味に基づいて文字テクストや造形イメージ，建築物などに置き換えられることで成立する。その記述体系を理解し，整理し，活用する能力を風景リテラシーとして定義し，風景表象を読み解くことを，古今東西の歴史的な文脈で行うことからこの共同研究は出発した。

　本書はその前期3年間（2019～2021年度）の「風景表象研究班」の成果報告論集である。その研究班構成は，分野では，美学，史学，人文地理学，土木史，都市環境学，比較文学など混成部隊であり，かつカバーする時代もすこぶる長い。その配列は扱う時代の古いものから新しいものとした。風景と景観という用語もそれぞれの論考には混在して使用されているし，対象の扱いについても，いまだ風景リテラシーの域までは到達しえず，試行錯誤の段階である。

　研究班の構成は以下の通りである。職は2022年12月現在のものである。当初は蜷川順子教授を主幹として出発したが，2020年度末に関西大学を退職されたため，そのあとを急遽私が引き継ぐことになり，現在，二期目（2022年～2024年度）の主幹を務めている。

　研究員

　　野間　晴雄（主幹，関西大学文学部・教授）　　歴史地理学

　　岡　絵理子（関西大学環境都市工学部・教授）　都市計画学

　　林　倫子（関西大学環境都市工学部・准教授）　土木史

　　嶋中　博章（関西大学文学部・准教授）　フランス史

　客員研究員

　　西田　正憲（奈良県立大学・名誉教授）　造園学

　　蜷川　順子*（関西大学・名誉教授）　西洋美術史

非常勤研究員

　　田邊　めぐみ（大阪大谷大学・非常勤講師）西洋美術史

　　藤井　信之（関西大学・非常勤講師）エジプト史

　　毛利　美穂（関西大学社会人学び直し大学院プロジェクト）比較文学

　　齋藤　鮎子**（関西大学・非常勤講師）人文地理学

　　吉田　雄介***（せとうち観光専門職短期大学・准教授）イラン地
　　　　　域研究

　　　*2020 年度までは関西大学・教授，**2020 年度までは準研究員
　　　***2019 年〜 2020 年度までの任期

　われわれの研究班は，2020 〜 21 年度は新型コロナ感染拡大により，活動が大きく制約された。なんとか毎年 3 回の研究例会は実施したが，各人の個別海外調査はほぼ断念せざるを得なかった。このほか，2021年 3 月には，オンライン開催ではあるが，国際シンポジウム「風のイメージ世界」を蜷川名誉教授の尽力で実施することができた。時差の関係で，日本では夕方から夜の開催であったが，世界各国から 60 名ほどの参加があった。この開催に際しては，公益財団法人・鹿島美術財団から蜷川名誉教授が代表で研究助成金をうけたことを付け加えておきたい。

　ただ，予算の都合で，非常勤研究員の研究成果は，この報告書には掲載することができなかった。機会をみて，別媒体での公開を考えたい。

　地上にみえる植物（＝風景）は一部にすぎない。地中に複雑に張りめぐらされた地下茎を探り当て，それに一定の整理や秩序立て（表象の解釈）を行う作業や考察もまだまだ模索の段階である。しかも地上の植物（＝対象）も，研究メンバーの専門分野からみても，まことに多様である。この腑分けと共通理解，さらなる事例による実証の深化，そして，そのあとに来るべき理論化を第二期の課題としたい。

風景表象の比較史

目　次

野生の風景表象
—— 近世初期のドイツを中心に

蜷 川 順 子

1　はじめに　問題の在処

　西欧のイメージ世界が、古くから人間の像を中心に発達したことを念頭におくなら、野生という概念も、風景というより人間的な特性に基づいて展開したと言ってもよいだろう。それを支えたのは、野人、野生人、野蛮人と称される想像上の人物が登場する物語群である。これらの呼称の原語は、英語ではおおむねワイルドマンということになるが、日本語ではそれぞれ微妙にニュアンスが異なる。野人は、美術や文学である程度定まったイメージをもつ対象に用いられる[1]。野生人は、文明と野生という対立概念に基づき、文明化に対する批判的含意をこめて野生に積極的な意味を付与した西欧の近世思想を反映する場合もある。野蛮人は文明化していないことに対する蔑称として用いられることが少なくない。いずれにしてもその区分は曖昧で、ワイルドマンをそのまま使う先行例[2]もあるが、ここでは一般的な野人を用いることにしたい。

　16 世紀に、いわゆる大航海時代を迎えて、西欧世界が非西欧世界と出

　本稿は、関西大学で 2021 年 10 月 30-31 日に開催された東西学術研究所創立 70 周年記念シンポジウムでの発表原稿に加筆修正を施したものである。

1) ジェームズ・ホール『西洋美術解読辞典』高階秀爾監修, 346 頁. 河出書房新社, 1999 年.

2) たとえば、神原正明「ワイルドマン伝説(1)〜(4)中世末期におけるイメージの変容」『倉敷芸術科学大学紀要』10 (2005): 3-13; 11 (2006): 3-14; 12 (2007): 3-14; 13 (2008): 3-14.

会ったときに噴出した未開人のイメージは、そこに住む人々を新たに観察した結果というより、まずは、西欧の観察者がすでにもっていた野人の観念に彼らを当てはめた産物であった[3]。実際、長い文明化の過程で、侵入してくる異民族との闘いや民族間の抗争を経て、西欧には勝者の文明と敗者の野蛮という対立図式が存在し、この対立は都市と自然、中心と周辺などの二分法におおむね重なり合っていた。この対立の痕跡は神話世界にも確固として存在し、たとえば、パルテノン神殿のメトープのレリーフで、人間と戦うケンタウロスの姿は、文明と野生、あるいは神話に仮託された征服民族と被征服民族の対立を映しだすものであろう。ルネサンス期のボッティチェリが描いたアテナに抑え込まれるケンタウロスは、文明に制圧された野生を象徴する。近世初期にはそこに西欧対非西欧という対立項が加わることになったのである。

　野人には、尻尾をつけて描かれることもあるサテュロスの系譜を含めることもできる。コロンブス（Cristóbal Colón, c. 1451-1506）は、フワン（キューバ）島のアバンを訪れたときに聞いた「尻尾をつけた人間が生まれてくる」という伝聞情報を1493年の書簡に記しながら、それを不思議とも思わなかったようである。このことを伊藤は、コロンブスの中にすでに野人のイメージがあった証だと捉えている[4]。すなわち野人は、基本的にヨーロッパ精神の所産であり、そこに含まれるイメージが新大陸にあったからといって、この冒険者には驚くべきことではなかったと

---

3) 伊藤進「野人、このヨーロッパの内なる怪物」『中央大学教養論叢』38-3 (1998): 111-146. 場所の見方に記憶が作用することについての、文化人類学の議論については、Eric Hirsch and Michael O'Hanlon, eds. *The Anthropology of Landscape, Perspectives on Place and Space*. Oxford: Clarendon Press, 2003.
4) 伊藤 1998: 111;「クリストバール・コロンの四回の航海」林家永吉訳『大航海叢書』I、岩波書店、1972. 聖堂のミゼリコルディア（聖職者席下部彫刻）には、陰嚢を露わにして尻尾が生えているようにみえる人物や僧帽を被った尻尾のあるヒヒの彫像がある。元木幸一「尻の下のイメージ：ドイツにおける聖職者席下部彫刻ミゼリコルディアの総合的研究」平成30年度－令和2年度科学研究費基盤研究（C）（一般）研究成果報告書（課題番号 18K00182）23頁（図43）、29頁（図63, 64）、30頁（図67, 68）. 2020年をみよ。

いうのである。

　コロンブスのみならず、マルコ・ポーロ（Marco Polo, c. 1254-1324）（『東方見聞録』）やマンデヴィル（Sir John Mandeville, ?-1372）（『旅行記』）、プレスター・ジョンの報告、あるいはマゼラン（Fernão de Magalhães, 1480-1521）に同行したピガフェッタ（Antonio Pigafetta, 1491-1534）などの旅行者が、旅先で遭遇した人間を、人間か霊長類かの線引きがむずかしい外観をして——犬頭人間か狼男のような外見の場合もあるが——、人肉も食べたと記したイメージのルーツには、ヘロドトス（Hēródotos, BC c. 484-BC c. 425）、クニドスのクテシアス（Ctesias, BC. 5C）、メガステネス（Megasthenes, BC 4C 末）ら古代の歴史家たちが定着させてきた伝統的な野人の観念があった。これら野人の存在はさらに、アレクサンドロス（Alexandros Ⅲ, BC356-BC323）伝説、アーサー王物語その他、中世を通して語り継がれた伝承や民話などの物語群の中で確認・増幅されたのである[5]。

　もっぱら、北方の世俗芸術にみられる造形表現において、野人は長く粗い毛で覆われた人間の外見を有し、武器をもつ場合には棍棒を手にしていた。13 世紀末の写本挿絵［図1］に初めて登場し、14 〜 15 世紀のタピスリー［図2］において広くみられた[6]。野人は、サテュロスの好色を引き継いで騎士道世界に登場し、欲望を剥き出しに貴婦人を誘拐し、最終的に騎士すなわち精神的な愛に打ち負かされる存在である。その外観や生態や性格は多様であるが、彼らは一般にヨーロッパ内部の深い森や島嶼などの境界を棲み家としていた。彼らの野性というのは、とりもなおさず、人間に制御されていない自然と同一視することができるであろう。逆にいえば、野生の風景表象とは、野人が棲息している場所の風景だとみなすことができるかもしれない。しかしながら野人とはいえ、

5）伊藤 1998: 113-119.

6）高木麻紀子「15 世紀前半のストラスブールにおける野人のタピスリー——《野人とムーア人》の図像分析を中心に」『日仏美術学会会報』40（2020）: 27-50.

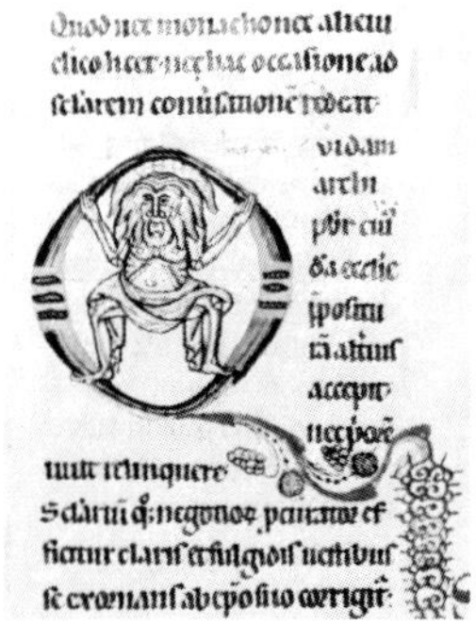

図1　逸名の画家，《野人がいるイニシャルQ（uadam）》『グラティアンのカノン法集成』，1200年頃，ポンマースフェルデン城図書館 Cod. 327, 389v, Public Domain［以下 PD］

図2　逸名の作家,《鹿狩りをする野人》（右側），1468年，123-128.5×253cm，ウール，タピスリー，バーゼル，歴史博物館 PD

　その物語画面においては彼らが主たる登場人物であり，周囲の風景はあくまで，パレルゴン（添景）として存在する。もし，描かれているのが騎士であれば，同じ風景であっても戦場または狩猟の地として異なる性格が付与され，野生とはみなされなくなることもある。

　これに対して，人間の行為の場というより，風景表象そのものに独立した価値がみいだされ，いわゆる純粋な ── 人物が描かれていない ── 風景描写［図3］がみられるようになるのは15世紀末から16世紀のことである。野性の森が注目される理由には，世俗の英雄や聖ゲオルギウ

スなどの英雄的聖人の活動や、隠遁
聖人が修行した精神と環境との関りがあげられる。風景表現の制作の中心地は、ネーデルラントとドナウ川流域であるが、ネーデルラントでは大航海時代に向けて地図製作やそれに関連する風景画が、人間の活動の場として準備されたのに対して、いわゆるドナウ派の風景画では、ドイツ人文主義による成立の契機があったと指摘されてきた。シルバーは、ドナウ派の風景表現において「（野人やサテュロスは、）野生の森によって限定されるのであり、その逆ではない。このことが、野人や野生のイメージ世界における根源的な変化を生みだした」[7]としている。

図3　アルトドルファー、《ヴェルト城のある風景》、1520/25 年頃、30.5 × 22.2 ㎝、ブナ材に貼られた羊皮紙、油彩画、ミュンヘン、アルテ・ピナコテークPD

　本稿は、先行研究に基づいて、ドナウ川流域や南ドイツにおける純粋な風景画すなわち野生の風景表象の登場は、ルネサンス期のドイツの人文主義の活動によるものとする仮説をあらためて検証する試みである。

2　『ゲルマニア』の復刊

　風景画の成立に関してよく言われるのは、風景というものは常に存在しているものなので、いつの世にも風景画は描かれていそうなものだが、

---

7) Larry Silver. "Forest Primeval: Albrecht Altdorfer and the German Wilderness Landscape." *Simiolus: Netherlands Quarterly for the History of Art* 13-1 (1983): 4-43, especially 13.

実際には限られた時期にしか成立していない。そこには相応の契機があったと考えるべきだということである。人間の活動が描かれていない、いわゆる「純粋な」風景表現を最初に残したのは、ドナウ派のアルブレヒト・アルトドルファー（Albrecht Altdorfer c. 1480-1538）だと考えられるが、彼の場合契機となったのはどのようなことだったのであろうか。

　クリストファー・ウッドによれば、それはドイツの人文主義者たちによる、ある種の郷土愛的な議論にあったのではないかと考えられる[8]。イタリアにおいて古代の文芸復興がすすめられたルネサンス期に、現在のドイツに相応する場所がどのように把握されていたのかについて、もっとも注目に値する文献はタキトゥス（Cornelius Tacitus, c. 55-c. 120）が著した『ゲルマニア』である。この文献は、西ローマ帝国とその後の混乱の時代に忘れ去られていたが、1420年代にヘルスフェルトまたはフルダの修道院でその写本の一部が確認された[9]。

　いずれの修道院も創建は8世紀である。西ローマ帝国に代わって中央ヨーロッパの覇権を広げたフランク王国では、ローマとの良好な関係を維持するために洗礼を受けたクローヴィス1世の治世から、領土におけるキリスト教化が徐々にすすめられた。教皇の要請で、イングランド出身の聖ボニファティウス（Bonifatius, 627?-754）が派遣され、「ドイツの使徒」と呼ばれるほど熱心に布教活動を行った。フルダの修道院は、彼の弟子聖シュトゥルム（Sturm, c. 705-779）によって設立され、カロリング時代には、その所領はアルプスから北海まで達したと伝えられる。また、修道院付属学校は、アルクィン（Alcuin, c. 735-804）の弟子である院長ラバヌス＝マウルス（Rabanus Maurus Magnentius, c. 780-856）

---

8) Christopher S Wood. *Albrecht Altdorfer and the origins of landscape.* pp. 128-202. London: Reaktion Books, 1993.

9) ヘルスフェルトの修道院で1425年に発見されたものは Codex Hersfeldensis. フルダの修道院のもの（Codex Fuldensis）を、9世紀にルドルフ（Rudolf, 865没）という修道士がさかんに引用した記録がある。F. Haverfield. "Tacitus during the Late Roman Period and the Middle Ages." *The Journal of Roman Studies* 6 (1916): 196-201, especially 200.

の指導下で王国一の文化水準を誇り、宗教文書のみならず文学や医薬関係の文書を書写して広めた。さらに古典テクストの継承においても重要な役割を果たし、タキトゥスやスエトニウス（Gaius Suetonius Tranquillus, c. 70-c. 140）などの文書も所蔵していた。こうした修道院の図書館は、それがなければ散逸していたであろう古代の文化遺産を保存したのである。

ルネサンス期になって『ゲルマニア』の写本の存在に気づいたのは、イタリアの人文主義者ポッジョ・ブラッチョリーニ（Gian Francesco Poggio Bracciolini, 1380-1459）であった。彼は、ペトラルカ（Francesco Petrarca, 1304-1374）の友人にして弟子であったジョヴァンニ・マルパジーニ（Giovanni Malpaghini, 1346-1417）に師事してラテン語を習得し、写本の筆耕に才能を発揮させた。1403年には推挙されて枢機卿の秘書となり、数か月後に教皇庁尚書院に招かれ、複数の教皇に秘書として仕えている。教会大分裂を収束させたコンスタンツ公会議に随行し、周囲の修道院の図書館で古代のテクストを渉猟したと言われ[10]、このときに『ゲルマニア』の存在に気づいたのであろう。

この文献がただちに公開されたわけではなかったが、後にピウス2世（Pius II, 1405-1464, 在位 1458-1464）として教皇に就任する、シエナのピッコローミニ一門のアエネーアス・シルウィウス（Aeneas Silvius Bartholomeus Piccolomini, 1405-1464）によって、ドイツに関する文書に引用されたことで知られるようになった。彼は1442年から神聖ローマ皇帝フリードリヒ3世（Friedrich III, 1415-1493, 戴冠 1452）のウィーンの宮廷に宮廷詩人として仕えており、新教皇カリクストゥス3世（Calixtus III, 1378-1458, 在位 1455-1458）に対する皇帝の恭順を伝える使者として1455年にローマへ赴いた。このときにドイツの現状報告のために、まだ不完全な写本しかなかった『ゲルマニア』を引用して、そこに記された状況から、キリスト教化によって同地が如何に劇的に改善されたかを

---

10) 池上俊一『森と山と川でたどるドイツ史』122頁. 岩波ジュニア新書, 2020年.

述べた。

　この報告から『ゲルマニア』に対する関心が高まり、1470 年にヴェネツィアで正式に刊行され、1471 年にはローマおよびドイツで出版された。この公刊により、ドイツの教養ある人々の間で、先祖に対するムードが変わり、愛郷心を伴うドイツ・ルネサンスがはじまったとみなされる。2 年後の 1473 年にはニュルンベルクで出版された[11]。

3　『ゲルマニア』の「未開」と「高貴」

　それではタキトゥスは、ゲルマニアを如何に叙述したのであろうか[12]。ゲルマニアは、まずは河川や山岳によって周囲の民族の居住地から切り離された、ヘルキューニアの森の領域として特定される。また他民族との混交がほとんどなかったとされ、そうみなされる根拠は、訪れる人もない「あの土地の荒涼たる、気候の厳しい、住むにも見るにも陰鬱な」環境にあるとした。また、彼らが戦闘に際して最初に謳う英雄ヘラクレスがいたという伝説もあれば、漂泊の末にウリクセスが辿り着いたという伝承もあるが、他種族との混血はなく、青い目、金髪、大きな体格という外見を共有していると記した。

　土地に関する叙述が続き、富の基盤は家畜で、産出される鉱物は不明。一部で銀貨が流通するも、物々交換が主流である。棍棒を武器とし、限られた鉄しか武器に用いないという話から戦闘の話におよび、隊列や指揮系統を述べたのち、戦闘に家族の女性たちがしたがい、彼女たちは重視されていたと述べている。

　崇敬する神々の中にはイシスなどの異郷の神もあった。彼らは像を拝

11）Silver 1983: 14.
12）ここでは、以下の翻訳を用いた。タキトゥス『ゲルマーニア』田中秀央, 国原吉之助訳注. 大学書林語学文庫, 平成 26 年.

むより、その名前を呼んで崇敬を表した。くじや占い、あるいは鳥占い
も行われていたが、独自のものとして馬占い、すなわち嘶きや鼻息から
神意を伺うこともあった。馬は神意を知ると考えられていたためである。
それ以外に、共同体の意志決定システムや若者の通過儀礼や処遇、他民
族との交際の仕方などが細かく述べられている。

　衣住の特色に触れたあと、少数の例外を除き一夫一婦制が守られてい
て、厳格な結婚制度をもつことが指摘される。物惜しみせず社交や接待
に耽り、会食を楽しむ。賭けやサイコロ遊びによって奴隷になることも
あるが、奴隷は自らの家と家族を支配できる。葬儀には見栄を張らず、
火葬が行われる。

　こうして全ゲルマニア人の起源と習慣について述べたあと、タキトゥ
スは個々の部族の政体や祭儀について、その違いを述べ始めるのだが、
注目するべきことは「高貴」という言葉によって習俗や特徴が語られて
いることである。

　タキトゥスは、高度な文明の地ローマの放縦や堕落を念頭に置いて、
未開とみなすゲルマニアを高貴だと表したのである。15 世紀に『ゲル
マニア』を復刊した人々は、「未開」と「高貴」という相反する評価に反
応し、未開に対しては「新しいゲルマニア」の都市化を強調し、「高貴」
によって、陰鬱とされた森の神聖さが新たに捉え直されることとなり、
そこに野生の風景表象が生まれる契機があったと思われる。

4　ニュルンベルクと「新しいゲルマニア」

　1473 年に『ゲルマニア』が刊行されたニュルンベルクは、11 世紀から
皇帝の拠点として重きをなしたが、1219 年に帝国自由都市となり、1427
年には名門出身の都市貴族から成る市参事会が、ニュルンベルク城伯か
ら城の権利を購入して、市の行政権を完全に掌握した。交通の要所とし

てアウクスブルクと並ぶ貿易都市として栄え、独自の産業として金属手
工業、繊維工業、製紙工業が発達し、武具鍛冶業も有名であった。15世
紀には印刷・出版・販売業も盛んになった。都市の格という点でも抜き
んでており、1356年にカール4世（Karl IV, 1316-1378, 戴冠1355）が、
金印勅書を公布して、即位後第一回目の帝国議会の開催地として定めた。
また、1423年3月22日に皇帝ジギスムント（Sigismund, 1368-1437, 戴
冠1433）は、フス派による略奪を恐れて、神聖ローマ皇帝の正当性を証
する帝国宝物［図4］を委譲し、年に1回の展観行事を認可し、それに
合わせて2週間の大市（メッセ）を開く権利を認めた[13]。このことで、フ
ランクフルト、アーヘンに次ぐ高い地位を獲得した。

　1471年には、プトレマイオスの天文学大全の抜粋を著した、著名な天
文学者ヨハネス・レギオモンタヌス（Johannes Regiomontanus, 1436-
1476）が移り住み、1487年にはコンラート・ツェルティス（Conradus
Celtis, 1459-1508）が、ドイツ人では初となる桂冠詩人の栄誉を同市で

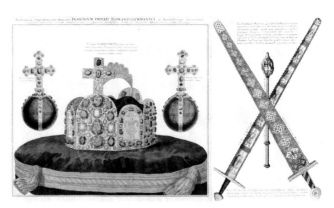

図4　ペーテル・コンラート・モナト，神聖ローマ帝国の権標の正式
な描写，1755年，モラヴィア，州立図書館 PD

13）展観行事とメッセに言及したデューラーの手紙については、Akira Akiyama. "Relic
or Icon? The Place and Function of Imperial Regalia." In *The Nomadic Object: The
Challenge of World for Early Modern Religious Art,* pp. 430-447. Leiden: Brill, 2018.

授けられたることで、学問文化の中心地としても栄えた[14]。

　コンラートは、葡萄栽培農家であるシュタインフルト近郊ヴィップフェルトのピッケル家に生まれたが、近隣のベネディクト会修道僧に手ほどきされたラテン語習得に没頭して家業を継ぐことを放棄し、18歳で放浪学生として各地を訪れた。ケルン大学では、まず自由学芸、次いで神学を学び、ブダに修業の旅にでた後、ハイデルベルク大学では、初期人文主義者ロドルファス・アグリコラ（Rodolphus Agricola, 1443-1485）に師事してギリシャ語とヘブライ語を学んだ。85年に修士となり、87年までにエアフルト、ロストック、ライプツィヒで教鞭をとり、その間ピッケルのラテン語名ツェルティスに、ギリシャ語名プロトゥシウスを加えて名乗るようになった。89年からイタリアの各地を旅し、マルシリオ・フィツィーノ（Marsilio Ficino, 1433-1499）をはじめとするイタリア人文主義に深く感銘を受けたが、1470年代にはじまるドイツ教養人の間での先祖探求にも共感を示した[15]。1486年にザクセン選帝侯となったフリードリヒ賢公（Friedrich III, 1463-1525）に、初の出版物となる Ars Versificandi（詩作）を捧げ、その中のギリシャの神アポロに対する頌歌において、この太陽神にイタリアを離れてドイツに来たれと謳っている。

　翌1487年には、上述のようにツェルティスは、ザクセン公の推挙によりニュルンベルクにおいて皇帝フリードリヒ3世から栄誉を授かり、ペトラルカ、シルウィウスに次いで三番目、ドイツ人では初となる桂冠詩人となった。このときから彼は、それまで通過するだけであった同市についての考察を深めはじめた。この頃ニュルンベルクの教養人たちの間で、『ゲルマニア』に対して「新しいゲルマニア」を対置させるような動きが始まっていた。それまでヨーロッパで刊行された年代記においてド

イツのことがほとんど扱われず、野蛮人としてしか記されてこなかった
ことを払拭するべく新しい年代記を作る計画である。そこに掲載する挿
絵制作の要請が、ニュルンベルクの画家アルブレヒト・デューラー
(Albrecht Dürer, 1471-1528) の師ミヒャエル・ヴォルゲムート (Michael
Wolgemut, 1434-1519) とヴィルヘルム・プライデンヴュルフ (Wilhelm
Pleydenwurff, 1460-1494) に対して1487/8 年頃になされ、90 年には詳細
な原画が制作されている。また、91 年には追加の挿絵と説明文に関する
更なる契約も加わり、全体で 1809 点の木版画のうち 645 点が彼らの工房
で制作された。現存する木版画では、後から着彩されたものも少なくな
く、また、挿絵部分だけが切り取られて売買されたことも知られている[16]。

　この特筆すべき文化事業は、93 年7 月 12 日の、医者にして人文主義
者のハルトマン・シェーデル (Hartmann Schedel, 1440-1514) がラテン
語で著し編纂した、『ニュルンベルク年代記 (シェーデルの世界史)』の
ためのものである。印刷・出版は、デューラーの後見人アントン・コー
ベルガー (Anton Koberger, c. 1440/1445-1513) が行った。コーベルガー
は、リヨンやブダペストなどの諸都市に支店を出していた、ドイツの初
期の出版家としてもっとも成功を収めた人物である。出版資金はゼーバ
ルド・シュライヤー (Sebald Schreyer, 1446-1520) とゼバスティアン・
カメルマイスター (Sebastian Kammermeister, 1446-1503) が提供した。

　年代記一般の例にしたがって、旧約聖書の抜粋、およびイエス・キリ
ストの誕生までに続いて、現在までのことが記された第6 期がもっとも
長く、ここに「新しいゲルマニア」の都市ニュルンベルクのことが記さ
れている。この部分は、ドイツの全体像を短く記したに過ぎないシルウ
ィウスの記述を、医者、地理学者だったヒエロニムス・ミュンツァー
(Hieronymus Münzer, 1437-1508) が修正・拡張したもので、彼によるド

---

16) Dieter Wuttke, "Humanismus als integrative Kraft. Die Philosophia des deutschen
'Erzhumanisten' Conrad Celtis. Eine ikonologische Studie zu programmatischer
Graphik Dürers und Burgkmairs." *Artibus et Historiae* 6-11 (1985): 65-99, especially
67.

イツの地図が添えられた。本のサイズは 342 × 500 ミリメートルという
大型の判型で、ニュルンベルクの都市図［図5］だけが2ページにわたっ
て描かれている。中世以来描かれ続けたエルサレム図などの例外を除いて、
近世最初の都市図のひとつであり、16世紀のブラウン（Georg Braun,
1541-1622）＆ホーヘンベルク（Frans Hogenberg, 1535-1590）の『都市図
集成』をはじめ、盛んに描かれるようになる、さまざまな都市図［図6］

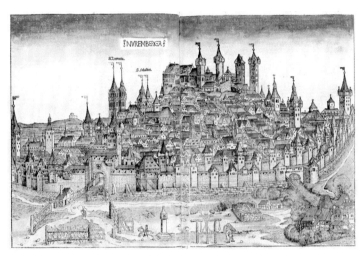

図5　ヴォルゲムート＆プライデンヴュルフ，ニュルンベルクの都市図，1493
　　年，『ニュルンベルク年代記』99v/100r PD

図6　ブラウン＆ホーヘンベルク，フローニンゲンの都市図，1565年，『16
　　世紀都市図集成』PD

の先行モデルのひとつとなった。

　出資者であったシュライヤーは、結論部の不十分さを補うべく半年後の12月23日に刊行したゲオルク・アルト（Georg Alt, c. 1450-1510）によるドイツ語訳とあわせて、ドイツ語版におけるニュルンベルクに関する執筆をツェルティスに求めたが、これは実現しなかった[17]。ツェルティスは1492年に近隣のインゴルシュタットに新しくできた大学に赴任し、史上初となる就任演説において、古いゲルマニアが有していた勇敢さと自由を呼び覚ますよう学生に呼びかけ、ドイツの現在の悲哀は教会とイタリアの抑圧によるものという主旨の独特の世界観を述べた。

　1487年の桂冠授与に際してはじめたニュルンベルクに関する独自の叙述は95年には完成していた。ツェルティスは1497年にウィーン大学の教授となった。その後マクシミリアン1世（Maximilian I, 1459-1519, 帝位1508）のウィーンの宮廷に呼ばれ、詩、修辞学の教師となり、帝室図書館の館長を務めた。1500年に再版した『ゲルマニア』に、第3章ノリムベルガ（Norimberga）として、上述のニュルンベルクに関する彼自身のモノグラフを加えた。都市のモノグラフとしてはそれまでに、ミラノ、パリ、ローマ、フィレンツェ、バーゼルが刊行されていたが、『ゲルマニア』に対照させて刊行されることで、「新しいゲルマニア」の都市ニュルンベルクは特別な関心をひくことになる。彼はイタリアのフラヴィオ・ビオンド（Flavio Biondo, 1392-1463）のItalia illustraを念頭において、年代記という伝統的な形式ではなく、新しい都市情報の集成（Germania illustrata）をめざしたが、これは実現しなかった[18]。

---

17) Wuttke 1985: 67-68.
18) Benario 2005: 102-103.

5　ツェルティスの『恋愛四書』

　『ゲルマニア』に対するもうひとつの反応は、タキトゥスが「高貴」だとした未開の特性を、積極的に捉える立場である。この立場を代表するのは、1502年にツェルティスが出版し、マクシミリアン1世に捧げた『恋愛四書（幸運に始まるゲルマニアの側面四書を伴う)』［以下『恋愛四書』］である[19]。この書の第一版は、熱烈な恋愛詩からなる四つの書物で、各書でドイツの主な都市に住むヒロインが選ばれている。東にはクラクフのハシリナ、南にはレーゲンスブルクのエルスラ、西にはマインツのウルスラ、北にはリューベックのバルバラが恋愛の対象であった。この恋愛詩が自伝的性格をもつと解釈する研究者もいたが、これまでに実在の人物だと特定されたのはハシリナだけである。それ以外の女性は、想像上の人物だと考えられる。皇帝マクシミリアン1世に捧げられた献呈の辞は、「宇宙の生命原理としての愛に対する、ツェルティスの新プラトン主義的な信条を表すきわめて印象的な表明」[20]だと捉えられている。

　この書物には「恋愛四書」に加えて、1498年から1500年の間にウィーンで出版された『ゲルマニア』に付されていた「ノリンベルガ（ニュルンベルク)」その他の文書が綴じられており、版型は240×176ミリメートルで120のフォリオからなる。表紙［図7］以外に、ニュルンベルクの都市図を除いて9点の木版挿図が挿入されている。ここでは挿図の内容について概観し、自然や野生を積極的に捉える彼の立場をあきらかにする。

---

19) Celtis, Conrad (1459-1508): *Quatuor libri amorum secundum quatuor latera Germanie.*- Nürnberg: Sodalitas Celtica, 1502.
　http://mateo.uni-mannheim.de/camena/celtis1/te05.html［2022年7月20日確認］
　Silver 1983; Wuttke 1985. 藪田淳子「ドイツの風景画成立の人文主義的背景―コンラート・ツェルティス『恋愛四書』を中心に」『美術史論集』神戸大学美術史研究会、17（2017）: 147-184.
20) Leonard Forster. *Selections from Conrad Celtis,* pp. 82-83. Cambridge, 1948.

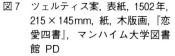

図7　ツェルティス案, 表紙, 1502年,
215 × 145mm, 紙, 木版画, 『恋
愛四書』, マンハイム大学図書
館 PD

図8　デューラー, 献呈図, 216 × 150
mm, 『恋愛四書』fol.a1^V, マン
ハイム大学図書館 PD

　最初の献呈の図（fol. aii^V）［図8］はアルブレヒト・デューラーによ
るもので、帝冠、帝笏、十字架を冠した帝国球という、ニュルンベルク
に託されていた宝物を身につけた正面観のローマ王マクシミリアン1世
が、毛皮襟のコートを纏い、桂冠をつけたベレー帽を手にするツェルテ
ィスから『恋愛四書』を捧げられている。その周囲を、植物製のコルヌ
コピアのようなものから生えだしている、たわわに実をつけた葡萄の蔦
が取り囲む。上部の枝の間では、15世紀にドイツでは描かれることのな
かったプットが、鳥と戯れている。上部の中心では、双頭の鷲のあるロー
マ王の紋章に、ニンブスのある帝冠がさらに載せられている。王の左
には、オーストリア公国の紋章、右はブラバント公国の飛びかかる獅子
の紋章、下はウィーン市の市章である。このように、全体が植物で覆わ
れた献呈ページは先例がなく、ツェルティスの思想への支援を願ってい
ることがわかる。

9ページ分の文字テクストをおいて次にみられる挿図（fol. avii^v）[図9] も、デューラーの手になるものである。ツェルティスは、1499年から1500年にかけて発表した—デューラーにとって初の文学的讃辞となる—エピグラムにおいて、デューラーを新しいアペレスと称え、彼の「哲学」を描くように求めた。ここでの複雑な構図や主題は、ツェルティス自身に帰せられるものである。

女性名詞である「哲学」の擬人像として、玉座に正面観で座る女性は、植物が生えだしているよう

図9　デューラー，「哲学」の擬人像，219 × 148mm，『恋愛四書』fol. a6^v，マンハイム大学図書館　PD

な冠を被り、左手に笏、右手に三冊の書物をもっている。これらのアトリビュートにより「哲学」は、プラトンの伝統にしたがう論理、倫理、自然科学の三部分からなる精神の国の支配者として示されている。ヴィトケによれば、彼女の胸の中央にあるのは、感情や魂の座としてのハートであり、そこから台座に向かってオベリスク状の物体が伸びて、九つの記号が書かれている。一番下が哲学（Φ）、一番上が神学（Θ）を意味し、その間に自由七学芸を示す記号が並ぶ。哲学の下には、デューラーのモノグラムが書かれている。擬人像を楕円状に囲む葉輪は、右上から、月桂樹、楓、オーク、葡萄が四つの季節を表している。これらの季節は、画面の四隅に描かれた風の尊格に呼応している。これらの風は、銘文によって四元素と四気質（四体液説）に結び付けられている。右上で口から花々を吐きだしているのは、西風のゼピュロスで、「気」と多血質に、右下は南風のアウステールで、「水」と粘液質に、左下は北風のボアレス

で、土と黒胆汁質（憂鬱質）に、左上は東風のエウルスで、「火」と胆汁質に関係する。

　こうした、天と地と人間と植生の関係を学術的に解明してきた学問の流れが、四つのメダルに肖像が描かれている学者たちによって時計回りに示される。一番上のメダルには、エジプトやカルデアのプトレマイオス、右のメダルにはギリシャのプラトン、下のメダルにはラテンのヴェルギリウスとキケロ（例外的に二人の名前が記されている）、左のメダルにはケルンのアルベルトゥス・マグヌスが表される。ツェルティスがデューラーを扱ったエピグラムでは、画家がこうした思想の図解によってこれらの思想家に匹敵することが謳われていた。

　このページの向かいには（fol. aviiʳ）［図10］、書斎のツェルティスの著者肖像がある。彼は桂冠を被り、書見台に置かれた書物に署名をしている。書棚にはヴェルギリウスやオウィディウスなどの詩人たちの書物が並び、周囲の区画の芸術や詩作に関係する神話の神々によって取り囲まれている。右側の列には上から目隠しをして矢をつがえるクピドをしたがえたヴィーナス。その下には矢をつがえたアポロ。コロニス殺害の場面と思われるが定かではない。その下には、サテュロスをしたがえたバッコスが描かれている。左の列には上からマルスをしたがえたミネルヴァ。カドゥケウスをもち、笛を吹く、ペタソスを被ったメルクリウスがいる。彼の足は鳥の足となり、傍らにカササギがいる。また、百眼の巨人

図10　ツェルティス案，著者像，215 ×
　　　 145mm，『恋愛四書』fol.a7ʳ，
　　　 マンハイム大学図書館 PD

アルゴスの首がころがっている。その下には、ネメアのライオンの皮を
まとい、弓矢や棍棒をもつヘラクレスがいる。ステュンファロスの鳥や
ケルベロスの犬が描かれ、その功業が暗示されている。

　ツェルティスの書斎の下では、天井に付けられた桂冠に端を発する月桂
樹の葉飾り模様が、下のムーサの泉に達している。泉の前では、左で田
園詩のムーサ、タレイアがリラを、右で歴史のムーサ、クレイオがリュ
ートを演奏している。書斎の上ではカラスと白鳥の争いを小さな鳥が仲
裁しているが、銘文と一致する鳥は確認できない。

　以上のように献呈図、全体の思想体系、著者像を示す挿図から、人文
主義や新プラトン主義的な思想に基づいて、神の世界と人間を含めた大
地の対応関係が暗示され、自然の表象が積極的に捉えられていることが
わかる。

　各書の冒頭の図は、上述の恋愛対象の女性がいる場所を図によって示
した一種の表紙である。藪田の研究によれば、第一書はハシリナとの報
われない恋を嘆く悲恋の歌である。同時にゲルマニアに残るギリシャ文
化の痕跡はガリアのドルイド僧によってもたらされたというツェルティ
スの主張が述べられている。第二書は、不誠実であったエルスラへの恨
歌である。タキトゥスが描いたかつてのゲルマニアの高貴さに比べて、
現在の堕落への嘆きが述べられている。また隠遁思想と野生の関係にも
触れられる。第三書は、旅する恋人の無事を、航行するライン川に願う
思慕の歌である。同時にライン川が流れるアルプスの山々や渓谷の自然
が描写され、そこで過ごした聖人や神学者クザーヌス（Nicolaus Cusanus,
1401-1464）や天文学者トリテミウス（Johannes Trithemius, 1462-1516）
が称えられる。第四書には Germania generalis というタイトルがつけら
れ、これらの書が、ツェルティスがめざしながら実現しなかった Germania
illustrata の先行文書であることが明示される。さらに伝説上の島トゥー
レへの船旅と嵐の体験やその恐怖の只中で出会う神意が語られる。

　これらの詩文には、山々や渓谷、河川や大海など自然の驚異や美を賛

美する内容が随所にみられる。しかしながら、これらの文書に一つずつ挿入された俯瞰的な風景版画では、自然描写だけではなく、新しいゲルマニアの社会的発展も対比的に描かれているため、ドナウ派が展開した野生の表象とはまったく異なるものになっている。

　これら四つの風景画は天文学との関係を思わせるルーラー線で囲まれており、画面の上部には星座を表す記号が図示されている。ただし、これらの星座が示す季節と画面の季節感は、必ずしも一致しない。

　第一書の挿図画面［図11］は蛇行するヴィスワ川によって画面上部の自然の領域と画面下部の都市の情景とに二分されている。手前には都市を俯瞰する高みのある岩山が示されていて、この山と画面上部に描かれた自然との間に、都市が広がっていることがわかる。都市に人影がない一方で、自然の中では人々が川で泳ぎ、少女たちが輪舞している。泉では男女が音楽を奏で飲食をし、春という季節を謳歌している。ここに描かれた自然は、野生というより人々の行楽のために開発された場所の情景である。

　第二書の挿図画面［図12］は、遠景にはアルプスの険しい山岳が描かれているが、あくまで背景にとどまっている。画面中央を流れるドナウ川の手前には支流で結ばれた地区が示され、川向うには市壁に囲まれた都市を囲むように農作業が行われる、夏の野良の光景である。さらに壁で囲まれた庭では、農作業とは対照的に、領主と思われる男女が音楽や飲食を楽しんでいる。

　第三書の挿図画面［図13］も、画面中央を流れるライン川の手前には支流で結ばれた地区が示され、川向うでは葡萄の収穫と葡萄酒つくりの場面が描かれている。ここでは植え付けも示され、ひとつの時期というより、葡萄酒つくりに関わる作業一覧のようにもみえる。葡萄園の領主夫妻はひときわ大きく描かれている。

　第四書の挿図画面［図14］は、テクストにある航海に合わせた大海原である。ウィーンの宮廷での読者をまず想定しているためか、全面の下

図11 ツェルティス案，一書クラクフ，
215 × 145mm，『恋愛四書』
fol.a8ᵛ，マンハイム大学図書
館 PD

図12 ツェルティス案，二書レーゲン
スブルク，215 × 145mm，『恋
愛四書』fol.d3ʳ，マンハイム大
学図書館 PD

図13 ツェルティス案，三書マイン
ツ，215 × 145mm，『恋愛四
書』fol.f6ʳ，マンハイム大学
図書館 PD

図14 ツェルティス案，四書リュー
ベック，215 × 145mm，『恋
愛四書』fol.i3ᵛ，マンハイム
大学図書館 PD

部に身近なアルプスやドナウ川などの名前が記されて、そこからの距離感がある程度把握できるようになっている。遠方の地域や島はなじみがないためか、文字によって細かく地名が記され、他の挿図よりも説明的である。

これら四点の風景画面と表紙と著者像の画面は、ほぼ同じ大きさ215×145 ミリメートルであり、ツェルティスが考案して、同じ版刻師が木版を制作したと思われるが、ペーテル・フィッシャー（父）または（子）（Peter Visscher the Elder, c. 1455-1529, and the Younger, c. 1486-1517）、ヤーコポ・デ・バルバリ（Jacopo de'Barbari, c. 1460/70-1516 まで）、ハンス・フォン・クルムバッハ（Hans von Kulmbach, c. 1480-1522）など作者に関する意見が分かれている[21]。

ツェルティスのテクストでは、『ゲルマニア』に記されたドルイド僧、ヘラクレス、深い森、険しい崖や山岳など野生の表象への言及はあるが、挿図の風景には、いずれも人間の手によって開発された都市、田園、野原、庭園が描かれており、人間が描かれていない純粋風景や未開の風景が中心主題ではない。

『ゲルマニア』の「高貴」を、野人に焦点をあてて表したエピグラムにハンス・ザックス（Hans Sachs, 1494-1576）の詩があり、この詩文に風景や環境の叙述があるが、詩に添えられたショイフェライン（Hans Schäufelein, 1482/83-1539/40）によるイメージは風景ではなく、野人の夫妻と家族である[22]。人文主義は、アルトドルファーが描くような野生の風景表象が成立する契機を、画家に提供したわけではなかったのだろうか？

---

21) Celtis, Conrad. Quatuor libri amorum secundum quatuor latera Germanie feliciter incipient. https://www.robinhalwas.com/index.php?controller=attachment&id_attachment=222&name=016001-Celtis.pdf［2022 年 7 月 20 日確認］
22) 神原正明『ヒエロニムス・ボス、奇想と驚異の図像学』337 頁．勁草書房，2019.

6 アルトドルファーと人文主義

　野生の風景表象を最初に描いたアルトドルファーと、野生の風景を詩文によって積極的に捉えたツェルティスとの確実な接点は、これまでのところ確認されていない。しかしながらラリー・シルバーは、状況証拠を積み上げることでその蓋然性を高めた[23]。

　アルトドルファーについては、その作品以外の情報は少なく、生地はおそらく彼が没したレーゲンスブルクだと推測される。同地で1538年2月12日に50代半ばで世を去ったことから、1480年頃に、主に写本挿絵を手掛けていた画家ウルリヒの元に生まれた。修業時代はほとんど知られていないが、父の手ほどきで同じく写本画家として出発したのではないかと考えられる。1519年よりレーゲンスブルク市の市参事会員などの要職につき、1526年には同市の建築家に任命されている。没年までの間、画家に加えて、政治家および建築家としての活動を続けた。

　デューラーやクラナハ（Lucas Cranach the Elder, 1472-1553）らの華々しさはないものの、ウッドによれば少数の洗練された顧客のために、難解な主題を扱い、伝統的な主題を角度を変えて捉え、視覚的な機知を案出し、創意に富んだ作品を制作したことで、宮廷の教養人の目に留まり、そのことで生地での政治力も有するようになったと考えられる[24]。

　アルトドルファーが若い頃の周囲の教養人の注意は、ウィーン大学やツェルティス自身が主催していた人文主義者が集うドナウ協会に向けられており、彼らはここで情報や意見を交換して、地理や歴史における愛国心的な関心を急速に強めていた。

　アルトドルファー自身がウィーンに移ることはなかったが、ウィーンの宮廷からレーゲンスブルクに二人の重要な学者が派遣された。そのう

---

23) Silver 1983: 17-18.
24) Wood 1993: 9-65.

ちのヨハネス・シュタービウス（Johannes Stabius, 1450-1522）は、マクシミリアンから家と庭を供与されたが、これはマクシミリアンの一連の文化事業の一環としてアルトドルファーに委託された、ミニアチュール版〈凱旋行列図〉[25]の制作作業を監視するためだったと言われており、シュタービウスほどの人物が彼の方から派遣されるほど、アルトドルファーへの皇帝の期待が高かったと考えることができる。シュタービウスは、インゴルシュタットの大学でツェルティスの同僚であり、ウィーンに移ってからはマクシミリアンのために多くの文化企画をすすめた。彼を介して、ツェルティスの思想に触れた可能性は高い。

　もうひとりのヨハネス・グリュンペック（Joseph Grünpeck, 1473-1532）も1490年代にツェルティスの同僚だったが、1498年にマクシミリアンの秘書として宮廷に入り、ラテン語学者、歴史家、天文学者として王に仕えるとともに、『白王伝』や『フリードリヒとマクシミリアン』のような伝記的作品の制作にあたり、口述筆記者兼筆者としても活躍した。そのグリュンペックが1505年にレーゲンスブルクで文芸学校を設立したのである。これはツェルティスの人文主義的教育プログラムの影響下で行われたことであった。

　こうしたことからアルトドルファーが、タキトゥスの『ゲルマニア』を実際に読まなかったにしても、それに対する人文主義者たちの反応や、「未開」だが「高貴」な野人に対する積極的なイメージをもっていたと考えることができる。

---

25)〈凱旋行列図〉については、以下をみよ。蜷川順子「神聖ローマ皇帝マクシミリアン1世の凱旋行列図にみる風景描写」『創立70周年記念論文集』299-334頁. 関西大学東西学術研究所、2022年.

7 アルトドルファーによる野人のいる 「野生」の風景表象

　アルトドルファーの野生の風景表象として、ここでは —— 人物が全く いないいわゆる純粋風景や聖人のいる森林などは稿を改めることにして —— 野人のいる風景3点をあつかっておきたい。

　ベルリンの絵画館にある《サテュロスの家族がいる風景》［図15］で は、画面の左三分の二を覆う巨木や岩壁からなる森林風景の中で、下半 身がヤギの足で体毛に覆われ、頭に角をはやしたサテュロスと、白い肌 の後ろ向きの妻に子供を加えた三人が、大地で穏やかな時を過ごしてい たようだ。しかし、森が開けた眺望に目を向けた二人の間に、緊張が走 る。右側の中景にいる二人の人物が目に入ったためであろう。一人は裸

図15　アルトドルファー，《サテュロスの家族が いる風景》，1507年，23.1 × 20.4cm，菩 提樹，油彩，ベルリン，絵画館 PD

体でもう一人は赤い着衣の女性のようである。サテュロスは、平穏を破る侵入者とみなし、棍棒をもって立ち上がりかけるが、その肩を抑える妻にしたがい、しばらく様子をみることにしたようだ。

　シルバーは、中景の二人について、森に逃げ込もうとする女性を棒をもつ男が引き留めようとしているのか、二人で森に入ろうとして男性の方が先に着衣を放棄したのかあいまいだとしながら、森を積極的に評価してそこに入っていくところだと解釈している。

　人物が描かれるとその物語に注目してしまうが、中世には野人は騎士の対極にあって、「凶暴で人を襲う」「好色を剥き出しにする」などの性格付けがなされ、プシュコマキア（魂の戦い）での悪徳、聖者の隠遁における襲撃者として性格づけられてきた。しかしながらここでは、家族単位の生活の穏やかさや、それを守るために立ち上がる勇敢さが主題となっており、描かれているのはタキトゥスが「高貴」だとした特性なのである。

　タキトゥスが「陰鬱」だとした深い森や渓谷を、「高貴」な野人が住む場所として積極的に捉え直したツェルティスの考えに、アルトドルファーは共感をもって触れていた可能性が高く、野人の棲家である森林に特別な関心を寄せている。中央にある縦長の画面を突き抜けるほどの巨木から伸びる枝には葉が生い茂っており、下の方では重たげに垂れている枝も、上に行くほど上方を向き、上下の高度に対する遠近感を生みだしている。傍らの岩壁も縦に入った節理が、枯れた古木とともに上方への方向性を強調する。これに対して家族のシェルターになっている灌木は扇状に広がって、その葉邑は左から当たる陽光を受けて輝きながら、それを遮る心地よい暗がりをもたらす。地面には花をつけた野草が咲き乱れ、穏やかな陽光は、クザーヌスが述べた、いたるところにおよぶ神の恩寵を想起させる。

　右側の視界が開けた先にある湖沼や、水系の中ほどに浮かぶ島、青く霞む遠景には、人工物がほとんどなく、あるいは曖昧に描かれていて、

中景の着衣の女性が、森に逃げこもうとする文明の象徴であることがわかる。

　1508 年頃に赤地の紙にペンと白のハイライトで描かれた《野人》［図16］は、凶暴で攻撃的とされてきた野人のイメージからは程遠い日常が捉えられている。画面からはみだす巨木には、陽光に輝く葉邑はなく、髪の毛のように垂れ下がった柳の葉は、グリューネヴァルト（Matthias Grünewald, 1470/75-1528）の〈イーゼンハイム祭壇画〉の祭日面にみられるように、怪物や妖怪が棲む森を演出する。しかし、ここで野人は、枝の下を通り過ぎる際に、彼自身の髪がひっかかったのであろうか、髪の毛を左手で抑えながら足早に過ぎ去ろうとしているだけである。

　森の日常にとって、侵入者が必ずしも好意的でないことは、1510 年頃に灰茶の地塗りがある紙にペンと白のハイライトで描かれた《野人の家族》［図 17］から推察される。ここで野人の夫は頭に角のようなものを

図 16　アルトドルファー、《野人》、1508 年，214 × 146mm，紙，素描，ロンドン，大英博物館，©The Trustees of the British Museum

図 17　アルトドルファー，《野人の家族》，1510 年，191 × 140mm，灰茶紙，黒筆素描　白ハイライト，ウィーン，アルベルティーナ PD

つけているがサテュロスではなく、子供を抱く妻の方に、無事を確認するように手を差し伸べている。その足元には、成敗された侵入者が横たわっている。

　描写法の加減もあるが、葉形から杉やオークや菩提樹と思われる木々が繁る森林と野人の家族の出来事は一体化して、森林は出来事の舞台というより、それがなければ物語が生まれない主要ファクターとなっている。

8　結びに代えて

　西欧文明の奥に潜む野生は、文明が爛熟して腐敗の途を辿るとき、警鐘をならすかのように繰り返し登場してきた。文学、宗教、哲学、芸術の分野で、野人についてはすでに多くのことが語られてきた。ここではドイツの人文主義の登場を促したタキトゥスの『ゲルマニア』の復刊と、それに対するドイツ教養人の反応として、野生や自然を積極的に捉えたツェルティスの思想を扱うとともに、彼の思想に触発されて、視覚的な野生の表象を生んだ画家アルトドルファーの作品の一部を論じた。同時代のデューラーやクラナハだけでなく広くヨーロッパにおいて、近世初期の芸術作品における野人の活動には注目すべきものがあるが、それについては稿を改めたい。

近世フランスにおける旅の風景

嶋　中　博　章

1　近世ヨーロッパにおける風景と旅

　「風景」とは何かについては、これまで洋の東西を問わず、さまざまな領域で語られてきた。近代の日本人の眼に映る瀬戸内海の風景の変化を論じた西田正憲は、「風景とは、歴史的、社会的に文化として構造化された〈まなざし〉によって、人間が発見し定着させるものであり、たんなる環境から人間が見いだすことによって生まれるもの」と説明する［西田：232］。「感性」の歴史学を掲げるフランスの歴史家アラン・コルバンも、「風景とは解釈であり、空間を見つめる人間と不可分」であると語り、見る主体の役割を強調する［コルバン 2002：11］。同様の見解は、庭師、修景家、作家等として幅広く活動するジル・クレマンも共有している。「「風景〔paysage〕とは何か」という問いには、次のように答えられよう。見るのをやめたあと、私たちが記憶の中に保持しているもの。〔……〕それゆえ、風景は本質的に主観的なものとして現れる。それは、個人的な体験と文化的な装備とによって構成された強力なフィルターを通して読み解かれる。ボース地方〔パリ盆地南部の穀倉地帯〕は、フランスにおいては単調で空虚なところと思われているが、日本人には感嘆すべき広がりとして見えるだろう」［Clément：19-20（〔　〕は引用者による補足）］。つまり風景とは、歴史的かつ社会的な存在である人間が、自身が属する文化の枠組みに依拠して構築する、可変的な空間表象であ

ると言えよう。その点で、見る主体とは無関係に存在し、客観的な読解に委ねられる「環境〔environnement〕」と区別される［コルバン 2002：39-40, Clément：21］。

　ヨーロッパ世界について言えば、近世（16世紀〜18世紀）は風景の歴史において画期となった時代とされる。人びとが田園に美を見出し、それを画布にとどめるようになったのである。その震源地は、17世紀後半のイギリスであった。先に名を挙げたコルバンは、いわゆるピューリタン革命で貴族が田舎の領地に隠遁したことを理由に挙げる。さらに、それとの対比で、同時代のフランスについては「ヴェルサイユの宮廷が人々を魅きつけていたせいで、そのような評価システムが広く普及することはなく、それはむしろ田舎での気晴らしが盛んになる次の十八世紀の特徴」だと指摘する［コルバン 2002：80］。

　近世ヨーロッパ世界における風景の歴史を語るうえでもうひとつ落とせないのは、18世紀末に登場した二つの新しい概念、すなわち「ピクチャレスク picturesque」（フランス語ではピトレスク pittoresque）と「崇高 sublime」である。ピクチャレスクとは、イギリスの聖職者ウィリアム・ギルピン William Gilpin（1724-1804）によって1780年代に理論化された概念で、驚きや感動をもたらす「絵のような」美しさを指す。参照されたのは、前世紀にイタリアで活動したフランスの画家、ニコラ・プッサン Nicolas Poussin（1594-1665）やクロード・ロラン Claude Lorrain（1682没）の古典主義的風景画で、人間、家畜、樹木、河川、丘陵が調和した田園の光景が好んで描かれた。もうひとつの「崇高」は、イタリアの画家サルヴァトール・ローザが描く峻厳な岩山や荒れ狂う海のような、人間を震撼させ、己の矮小さを実感させる自然に対する畏怖を現す言葉で、ダブリン生まれの思想家エドマンド・バーク Edmund Burke（1729-1797）らによって理論化された。

　これらピクチャレスクと崇高という二つの概念の形成に大きな影響を与えたとされるのが、イギリス上流階級の子弟のあいだで流行した「グ

ランドツアー」である。古典古代への憧憬を胸にイタリア半島を目指し
アルプスを越えたブリテン島の若者たちは、その道中、プッサンやロラ
ン、あるいはローザの絵画を見るようにして景色を眺め、風景に対する
新たな眼差しを育んでいった［岡田］。それゆえ、「空間を通過し、風景
を構築するもっとも洗練された方法」においても、「イギリス諸島の住民
に較べるとフランス人はかなり見劣り」するのだと、コルバンは自嘲気
味に語る［コルバン 2002：114］。たしかにフランスでは、イギリスの
ように「制度」としての「グランドツアー」はもたなかったかもしれな
い。しかし、18世紀に旅をしたのは当然ながらイギリス人だけではない。
フランス人もまた、さまざまな理由から旅をした。あるいは、自ら旅を
せずとも、古今の旅人が記した「旅行記」を手に取り、書斎にいながら
旅を楽しむこともできた。18世紀はフランス人にとっても「旅と交通の
世紀の幕明け」だったのである［樋口：4］。であるならば、田園の景色
の美しさに対する感覚や、ピクチャレスクないし崇高な景観に対する感
性がイギリス人の専売特許と見なす根拠はどこにもない。そこで本稿で
は、18世紀に生きたフランス人によって書かれた旅行記、あるいは読ま
れた旅行記を繙きながら、近世フランス人の見た風景を再検討する。併
せて、風景を表象するその仕方について考察し、今後の風景表象研究の
可能性を探りたい。

2　アーサー・ヤングの旅の風景

　まずは、イギリスの農学者アーサー・ヤング Arthur Young（1741-
1820）の旅行記を取り上げたい。ヤングは1787年から1790年にかけて、
都合三度、農業調査を主な目的にフランスを旅した。旅程を簡単に記せ
ば、以下のようになる。一回目は1787年5月15日にカレに上陸したの
ちピレネー地方を目指し、7月10日にはカタルーニャまで足を延ばす。

同月 21 日、再びフランスに入って北上し、11 月 11 日カレに戻った。二回目は、1788 年 7 月 30 日のカレ上陸に始まり、フランス西部のノルマンディ地方、ブルターニュ地方、メーヌ地方、アンジュー地方を回って、10 月 15 日ディエップから帰英している。三回目は 1789 年 6 月 5 日カレに上陸後、フランス東部および東南部に向かい、9 月 21 日にイタリアに入る。12 月 20 日トリノから再入国し、翌 1790 年 1 月 20 日にイギリスに戻っている。三回目の旅では、フランス革命に遭遇することにもなった。

　1792 年、これら足掛け四年にわたる旅の途中で取りためたメモをもとに、ヤングは旅行記をイギリスで出版する[1]。この旅行記は間もなくフランス語に訳され、翌 1793 年に『1787 〜 88 〜 89 年および 90 年のフランスの旅』という表題の下、パリのビュイッソン書店より刊行された[2]（以下『フランス紀行』と表記）。この書物の評判は、国民公会が二万部を印刷させ、無料で全国の自治体に配布したことからもうかがえる［ヤング 1983：393（訳者あとがき）］。翌年には早くも第二版が刊行されている[3]。

　この『フランス紀行』には、「18 世紀イギリス的」とされる風景を捉える眼差しが凝縮されている。ヤングは田園の眺めにうっとりし、目の

　1）原題は次の通り。*Travels during the years 1787, 1788, and 1789, undertaken more particularly with a view of ascertaining the cultivation, wealth, resources, and national prosperity of the kingdom of France.* 日本語訳は、初版刊行の翌々年、1794 年に出版された英語版を底本に、フランス領内に関する部分を抜き出して刊行された。アーサー・ヤング（宮崎洋訳）『フランス紀行　1787, 1788 & 1789』法政大学出版局、1983 年。なお、スペインとイタリアに関する部分も、のちに同じ訳者によって翻訳・刊行されている。アーサー・ヤング（宮崎揚弘訳）『スペイン・イタリア紀行』法政大学出版局、2012 年。

　2）Arthur Young, *Voyages en France, pendant les années 1787-88-89 et 90, Entrepris plus particulièrement pour s'assurer de l'état de l'Agriculture, des Richesses, des Resources et de la Prospérité de cette nation*, traduit de l'Anglais par F. S. [François Soulès], 3 tomes, Buisson, Paris, 1793. 本稿では、このフランス語初版を参照した。引用に当たっては、フランス語初版と照らし合わせたうえで、上記日本語訳を使用させていただいた。

　3）第二版はフランス国立図書館の電子図書館《Gallica》で閲覧できる。
　　https://gallica.bnf.fr/ark:/12148/bpt6k102002g.r=arthur %20young?rk=64378;0

前の景色に風景画を重ね合わせ、大いなる自然に崇高さを感じ取り、それらを語らずにはいられない。南仏ペズナース Pézenas を通ったときには、農学者らしくその田園美を具体的な植物名とともに描き出す。「ペズナースはとても美しい田園〔très-beau pays〕に面している。六か八リーグの広さの谷がすべて耕地になっている。ブドウの木、桑の木、オリーヴの木、村、散在する家が見事なムラサキウマゴヤシの群生と美しくまじりあっている。全体が、てっぺんまで畑になった緩い丘で仕切られている」［Young：t.1, 90, ヤング 1983：58］。

　ヤングの田園に対する愛着は、都市への嫌悪感と対を成している。18世紀パリの衛生環境がいかにひどいものであったかは夙に知られているが［フランクラン］、地方都市も似たり寄ったりだったのだろう[4]。「夕方、リル＝シュル＝ソルグへ。〔……〕リルはとても心地よい場所にある。その手前で、両側に小石の上に泡立ちながら流れる気持ちのよいせせらぎを配した美しいニレの植林を見つけた。山里にすぎないと思っていた所で、着飾った人々が夜のひとときを楽しんでいた。それは私にとって一種のうっとりするような光景であった。さあ、今度は、この美しい森とせせらぎから離れて、汚い、貧弱な、市壁に囲まれ、暑い、悪臭を放つ都市に入っていくかと思うと、どんなにかうんざりしたことだろう。これは私にとってこの上なく不快な対照の一つなのだ」［Young：t.2, 54-55, ヤング 1983：277］。

　ヤングが田園に見出した美は、風景画というフィルターを通して見出したものだったことは次の引用からも明らかである。「溪谷の東側を閉ざす山稜は、他の方面の山々とは異なった性格を帯びている。そこには、一層の多様性、耕地、村落、森林、沢、滝がある。グザの滝は滝の落ち口で水車を回しているので、絵画的美しさ〔beauté pittoresque〕に要

4）ただし、イギリスの場合は状況が異なっていたようで、17、18世紀の都市は「比較的きれいなイメージを帯びて」おり、「汚さ、暗さ、貧困、そういうものが都市のイメージと結びつくようになってきたのは、一九世紀」のことだったという。川北稔『イギリス近代史講義』講談社現代新書、2010年、79-80頁。

する条件をことごとく備えていて、夢想に誘う〔romanesque〕。モント
バンの滝には、クロード・ロランなら実物たがわずその美しさをカンヴ
ァスに写しとったはずの特色がある[5]」［Young：t.1, 73, ヤング 1983：
49］。

　しかも、こうした「ピトレスクな」美を備えた景色は、一カ所にとど
まらない。グランドツアー時代の旅は「あたかも絵が次々と入れ替わっ
ていくかのように」展開していったと、岡田温司が述べているが［岡田：
70］、ヤングの旅もまたあたかも展覧会を鑑賞するかのように進んでいっ
た。「サン・ジョルジュからブリーヴまで、三四マイルに及ぶ地方の美し
さは、とても多種多様で、あらゆる点で顕著であり、興味深いから、個々
の描写にいちいち気を配らないことにする。ただ一般論として、イング
ランドにも、アイルランドにも、はたしてこの美しさに比肩し得る景色
があるかどうか、大いに疑問があることを指摘しておこう。これは、時々
美しい景色が突然現れ、旅行者に長旅の単調さのつぐないをするといっ
たていのものではなく、風景の早変わりの連続〔une succession conti-
nuelle de paysages〕なのだ」［Young：t.1, 40, ヤング 1983：32］。

　出会ったのは美しい景色だけではない。眼前に広がる「崇高なまでに
広大で高い、ピレネー山脈の雄大な眺め〔une immense vue des Pyré-
nées, qui sont d'une etendue et d'une hauteur vraiment sublime〕」に
も目を瞠り、その感動を伝えることを忘れない［Young：t.1, 49, ヤン
グ 1983：37］。ところで、崇高は山岳風景とのみ結びつくわけではない。
荒れ狂う海もまた崇高さを備えたものとされ、嵐に翻弄される難破船は
人気の画題だった［コルバン 2002：21-22］。ヤングの旅は主に内陸部
を行くものであったが、彼は眼前の山塊と大海の大波とを巧みに結びつ
けて、風景を描出している。「ル・ピュイ＝アン＝ヴレまで一五マイルに
及ぶ道筋はことごとくびっくりするくらい面白い。今、私たちの眼前に

5）英語版からの宮崎訳で、「romanesque」に当たる箇所は「人の絵心をそそる」にな
　っている。もとの単語は「romantic」。

広がるこの地方をうみだした自然は、他所では見られないような仕方で
生じたにちがいない。この地方は大波のような形状〔figure de vague〕
という点では、荒れ狂った海洋〔l'océan orageux〕に似ている。山々は
無限の多様性を秘めて幾重にもそびえる[6]」[Young：t.2, 25-26, ヤング
1983：262]。

　科学的な眼差しについても言及しておこう。岡田温司は、18世紀末に
アルプス越えの体験を通じて「地質学、鉱物学、気象学などといった科
学的関心」が、ピクチャレスクと崇高の美学に付け加わると指摘してい
るが［岡田：66］、ヤングもまたそうした科学的な態度を通じて風景を
描写している。「早朝、私にはむしろ不便になってきた暑さを避けてフィ
スクへ。〔……〕この一帯はすべて火で滅茶苦茶にされたり、形成された
りした火山性の起源のために、博物学者には興味がつきない」[Young：
t.2, 22-23, ヤング 1983：261]。あるいは、次の一節。「相変わらず堂々
とした山容がヴィルヌーヴ＝ド＝ベルグまで続く。半マイルの間、街道
は巨大な玄武岩の塊〔une énorme masse de lave balastique〕の下を
通る。この岩塊はさまざまな形状をなし、規則的な列をなしている。こ
の巨大な塊りは中央部で盛り上って、一種の岬をなしている。高さとい
い、形状といい、様相といい、要するに、岩塊全体が帯びた明らかに火
山的な性格が、知識のある者にもない者にも、それをこの上なく興味あ
る光景にしている」[Young：t.2, 35-36, ヤング 1983：267]。

　18世紀末のイギリス人が、田園に美を見出し、絵画を鑑賞するように
景観を眺め、山岳の偉容に崇高さを認め、地形の成り立ちに科学的な思
索をめぐらせていたことは、ヤングの例からも間違いないようである。
そして、そのような風景の捉え方が同時代のフランスに入っていたこと
も確実と言える。しかし、そうした風景認識が、はたしてイギリス人の

---

6) 英語版からの宮崎訳では「figure de vague」に該当する箇所は「荒れ狂った形状」、
　「l'océan orageux」に当たる部分は「大波の打ち寄せる海洋」となっている。それぞれ
　原文は「form tempestuous」、「billowy ocean」。

専売特許であったかどうかは別問題である。そこで次章では、同時期に
フランスで書かれた旅行記を読み、この問題を考えてみたい。

3　サド侯爵の旅の風景

　ここで取り上げるのは、ヤングとほぼ同時代を生きたサド侯爵Donatien
Alphonse François, marquis de Sade（1740-1814）が書いた旅の記録、
『イタリア紀行』である。まずはこの旅行記の成り立ちについて確認して
おきたい。

　ヤングの旅がフランスの農業と自然環境の調査という明確な目的をも
ったものであったのに対し、サドの旅はそのような立派な目的をもつも
のではなく、身から出た錆といった体のものだった。つまり、無軌道で
瀆神的な放蕩を重ねた挙句、官憲から追われる身となり、仕方なしにフ
ランスを離れ、イタリア半島を経めぐったのだった[7]。その逃避行は、1775
年7月からおよそ一年間続く。さすがと言うべきか、この間、サドはた
だたんに司直の手から逃げ回っていたのではない。イタリア各地の名所
旧跡をめぐり、美術品や骨董品を収集し、文人たちと交流した。そして、
逃亡の旅を終え、南仏ラ・コストの居城に戻ったサドは、そのときの見
聞をもとに、旅行記を構想する。ただし、彼がそれを書いたのは書斎で
はなかった。1777年2月、軽率にもパリを訪問したために、逮捕されて
しまったからだ。サドが旅行記の執筆に取りかかったのは、それゆえ獄
中でのことだった。この旅行記につけられたタイトルからは、サドの並々

　7）サドの経歴については、以下の文献を参照。澁澤龍彦『サド侯爵の生涯』中公文庫、
　　1983年。Chantal Thomas, *Sade*, Seuil, Paris, 1994（シャンタル・トマ（田中雅志訳）
　　『サド侯爵　新たなる肖像』三交社、2006年）。ジルベール・レリー（澁澤龍彦訳）『サ
　　ド侯爵　その生涯と作品の研究』筑摩書房、1970年。Gilbert Lély, *Vie du marquis de*
　　Sade, Paris, Garnier, 1982. Maurice Lever, *Donatien Alphonse François, marquis de*
　　Sade, Paris, Fayard, 1991. 合わせて以下の拙文も挙げておく。嶋中博章「サド侯爵夫
　　人」、堀越宏一編著『侠の歴史　西洋編（下）』清水書院、2020年、196-210頁。

ならぬ意欲をうかがうことができる。『イタリア紀行、あるいはフィレン
ツェ、ローマ、ナポリ、ロレートの四都市とその近郊街道に関する批評
的、歴史的、哲学的考察。従来の著作よりもいっそう個人的でいっそう
広範な手法による古代および当世に関する慣習、風俗、立法等の発展を
対象とした著作[8]』。しかし、この作品が書物として刊行されるのは20世
紀を待たねばならない[9]。最初の刊本は1967年に出たジルベール・レリ
ーとジョルジュ・ドマによる抄録版で[10]、その後1995年に、紀行文本文
とメモ書き、さらにサドが所蔵していた素描をまとめたモーリス・ルヴ
ェによる二巻本が出版された[11]。

　この『イタリア紀行』を読めば、サドがヤングと同じように風景を捉
えていることがよくわかる。しっかりと手入れのされた田園を好ましい
と感じ、目の前に広がる景色に絵画を見出し、己を圧倒するような自然
の造形に目を瞠る。ひとつずつ確認していこう。文章は架空の「伯爵夫
人」に宛てた書簡という体裁で書かれている。「モンテフィアスコーネを
発って、私はヴィデルボで一夜を過ごしました。この都市はかなり大き
く、美しい建物も幾つか見られます。ここに通じている道路はきれいで、

---

8) *Voyage d'Italie ou Dissertations critiques, historiques et philosophiques sur les villes de Florence, Rome, Naples, Lorette et les routes adjacentes à ces quatre villes. Ouvrage dans lequel on s'est attaché à développer les usages, les mœurs, la forme de législation, etc., tant à l'égard de l'antique que du moderne, d'une manière plus particlière et plus étendue qu'elle ne paraît l'avoir été jusqu'à présent.* 題名の日本語訳は、トマ（田中雅志訳）『サド侯爵』54頁に倣った。

9) 横田伴裕は、「劇作家としての成功を夢想し始めたこと」が、その要因のひとつだと指摘している。横田伴裕「サドのイタリア紀行」、『フランス文学』第25号、2005年、26頁。

10) *Voyage d'Italie, précédé des Premières œuvres, suivi de Opuscules sur le théâtre,* publié par Gilbert Lély et Georges Daumas, Paris, Tchou, 1967.

11) Sade, Donatien Alphonse François marquis de, *Voyage d'Italie,* I. Édition établie et présentée par Maurice Lever; II. Dessins de Jean-Baptiste Tierce, choix des œuvres et des légendes par Maurice Lever, notice sur Tierce par Olivier Michel, Fayard, Paris, 1995. 本稿での引用に当たっては、次の日本語版を参照させていただいた。マルキ・ド・サド（谷口勇訳）『イタリア紀行 I』ユー・シー・プランニング、1995年。ただし、この日本語版では底本について言及がないため、訳文を使用する際には、ルヴェ版の原文と照らし合わせて内容を確認した。

真直ぐに、たいそう広い平原の中に延びています。この平原はほとんどすべて放牧に充てられているのですが、未墾のままです。かくも美しい場所がこんな状態にあるのを見るのは、残念なことです。耕作すれば、素敵な田野〔des campagnes charmantes〕となることでしょう。いったい、この未開墾の理由は何なのでしょうか」[Sade：I, 80, サド：132[12]]。ここでは耕作放棄地の描写を通じて、逆説的に田園美が称賛されている。18世紀人にとって称賛すべきは、生のままの自然ではなく、人間の手が入った自然、人間のために役立つ自然であった。その自然は「庭」と同義である [樋口：10]。そして、「庭」は耕さねばならない（il faut cultiver nôtre jardin）。カンディードが呼びかけたように。

　しっかりと耕された「庭＝自然」は絵画となる。例えば、「この山〔モン＝ジュネーヴル〕は何処から見てもはなはだ絵画的な眺め〔extrêmement pittoresque〕です。目につく少しばかりの平野は良く手入れされており〔très cultivé〕、あちこちには、新鮮で豊富きわまる草原が散在」といった具合に [Sade：I, 49, サド：18]。そして絵画的な眺望は、心地よい気持ちにさせてくれる。「すでに申し上げたように、やはり数名の男と数頭の駅馬に付き添われて出発しました。進むにつれて、峡谷が開いて、魅惑的な草原や、快適でもあり絵画的でもある地勢〔situations autant agréables que pittoresques〕を露わにさせます」[Sade：I, 51, サド：21]。サドが風景と絵画を結びつけていたことは、サルヴァトール・ローザに私淑し、イタリアで活動する画家ジャン＝バチスト・ティエルス Jean-Baptiste Tierce（1740頃-1794頃）を同行させ、スケッチを描かせていたことからもうかがうことができる。18世紀の庭園の中の風景を考察した小西嘉幸は、「一八世紀の美的空間認識は徹底して絵画的だった」と指摘しているが [小西：302]、サドもまたヤングやギルピンに先立ち絵画的な美的空間認識で風景を描写した一人であった。

12）Sade（1994）の出典標記について。ローマ数字は巻数を、アラビア数字は頁番号を表す。

　その一方で、サドは身を震え上がらせるような光景にも心を奪われる。
それは当時、活発な噴火活動を繰り返していたヴェスヴィオ山を訪れた
ときのことだ。これこそ「崇高の極み」と呼べる光景であった［岡田：
89］。『イタリア紀行』に収められたメモ書きを見てみよう。「〔ヴェスヴ
ィオ山に〕二時間かけて登る。後半は特に険しい。最後の一五分、砂が
大きな熱を帯び始める。登りきる百歩手前に、小さな噴気孔がものすご
くたくさんある。そのせいで、風や空気は耐え難い硫黄のにおいがする。
噴気孔の縁と噴気孔跡の隆起部はどこも硫黄と硝石で覆われている。新
たな噴気孔や新たな山の盛り上がりを形づくる小さな谷は、さほどのも
のではない。この小さな谷に降り、この小さな山の縁を再び登ると、そ
の畏怖すべき〔horreur〕光景の全体にぞっとするような深淵〔gouffre
épouvantable〕があり、火が燃えているのに気づく。そこからは恐ろし
い音〔bruit affreux〕がし、濃密な煙が出て、ときどき勢いよく濃密な
炎が噴き上がり、とてつもなく大きな岩を持ち上げる。これが本当に恐
ろしい眺め〔spectacle vraiment horrible〕を成している。噴出が小さ
な場合は、垂直に落下し、再び中に飲み込まれる[13]」［Sade：I, 274］。こ
こではサドが、地質学や鉱物学の知識に基づいて風景を描写している点
にも注目しておきたい。サドは伝統的な領主貴族であり、劇作家になる
という野心をもってはいたが、ヤングのような自然科学の専門家ではな
かった。しかし、素人ながらに科学的に風景を捉えようとする姿勢は共
有していたと言ってよいだろう。
　田園愛好、ピクチャレスク、崇高、これら18世紀の風景の構成要素
が、イギリス人だけのものでないことは間違いなさそうである。次に検
討すべきは、これら三要素が18紀の特質と断言できるかどうかである。

13）日本語版ではこの箇所は訳出されていない。

4　モンテーニュの旅の風景

　18世紀が「旅と交通の世紀の幕明け」だったとしても、皆が皆、故郷を離れ旅に出られたわけではない。旅はまだ「危険な冒険にほかならなかった」ことを忘れてはならない［Thomas：43，トマ：43］。旅行記が数多く出版されたのは、旅をしたくてもかなえられない、書斎の旅人たちのためでもあった。彼らが手に取り、想像を働かせて一緒に旅をしたのは、同時代人とは限らない。過去の時代に生きた旅人もまた、よき旅の道連れだった。モンテーニュ Michel de Montaigne（1533-1592）の『旅日記』も、それら18世紀に読まれた過去の旅の記録に含まれる。

　モンテーニュがドイツとスイスを経由してイタリアへの旅に向かったのは、『エセー』の初版が刊行された直後、1580年の6月のことで、ボルドー市長に選出され（1581年9月）、急遽帰国する翌1581年11月までの約一年半、モンテーニュは異国の地にあった。彼がこの旅でつけていた日記が書物の形をとり、人びとの目に触れるようになるのは、著者の死後二百年近くが過ぎた1774年のことだった[14]。編者ケルロンによれば、手稿の約三分の一はモンテーニュの秘書の手によるもので、「主人については三人称で書いているが、間違いなくモンテーニュの表現が見出されるので、口述筆記で書かれたことがわかる」のだという［Montaigne：t.1, x(16)[15]］。手稿の残りは、「モンテーニュ自身の手になるのもので、

14）*Journal du voyage de Michel de Montaigne en Italie, par la Suisse & l'Allemegne en 1580 & 1581. Avec des Notes par M. de Querlon*, Paris, Le Jay, 1774. 以下、Montaigne, *Journal du voyage* と略記する。この『旅日記』は近代以降、いくつもの版が出版され、日本語訳も複数存在する。日本語訳については、本稿では、ガラヴィーニGaravini 版（1983年）を底本とする以下の訳書を参照し、引用に当たっては、原著（1774年）のリプリント版と照らし合わせた。モンテーニュ（関根秀雄・斎藤広信訳）『モンテーニュ旅日記』白水社、1992年。

15）Montaigne（1774）の出典標記について。まず先に1774年版（3巻本）の巻番号と頁番号を記載し、その後ろの（ ）内に2014年のリプリント版（1巻本）の通し頁番号を記した。「t.1, x(16)」の場合は、第1巻の x 頁、リプリント版16頁を表す。

彼が一人称で語っているが（筆跡が確認された）、報告の半分以上はイタリア語で書かれている」[Montagne：t.1, xi(17)]。

　モンテーニュが旅に出た理由はよくわからない。「わたしはいつも、旅行する理由を人に聞かれると、「何を避けているのかはよく分かっているのですが、何を求めているのか、自分でもよく分からないのですよ」と答えることにしている[16)]」という『エセー』の一節が答えになるかどうか。研究者たちも、ローマ参詣、未知への渇望、煩わしい家政からの逃避、宗教戦争がもたらした国土の荒廃への幻滅、あるいは持病である腎臓結石が理由の湯治など、さまざまな理由を挙げている[モンテーニュ：XII-XIV（解説）, 山上：135-136]。『旅日記』の中での秘書の証言を信じるならば、『エセー』の著者にとって、未知の世界を訪れ、まだ見たことのない光景を目にすることが、旅のモチベーションとなったとだけは言えそうである。「私は本当にこう思う。もし殿がただ従者をつれただけのひとり旅であったなら、馬首をイタリアには向けないで、むしろ陸路クラクフか、ギリシアかを目指してゆかれたことであろう。けれども、未知の国々を訪れて知る喜びを何よりもうれしいものに思い、そのために御自分の年齢と健康の衰えを忘れておられる殿のお気持ちは、一行中の誰にも通じなかった。皆はただただ国に帰ることばかり考えていた。だが殿はいつもこう申されるのであった。「眠れぬ夜をすごした後、朝になって、ふと、今日はまた別の町、また新しい地方を見るのだと思うと、わたしは希望と歓喜にみちて起きるのだよ」と」[Montagne：t.1, 196（338）, モンテーニュ：82]。

　さて、風景描写に関して言えば、モンテーニュの『旅日記』を読んだ18世紀の読者は、大きな違和感を覚えなかったに違いない。そこには見事に耕された田園の景観に対する愛着、絵画を鑑賞するように目の前の光景を楽しむ眼差し、そして恐れを抱かせるような自然への言及といっ

---

16) 第3巻第9章「空しさについて」。引用に当たっては、以下の訳書を参照した。宮下志朗訳『エセー　7』白水社、2016年、57頁。

た、18世紀人にはお馴染みの要素が通底しているからだ。モンテーニュ
にとって心地よい景観とは人間の手が入った「自然」、庭のように手入れ
された「自然」である〔斎藤[17]〕。「ここ〔ナルニ〕は非常に景色のよい景
勝の位置を占めた美しい小さな町である。そのはずれには ── 我々はそ
こを通って来たのだが ── 谷間によく肥えた平地〔pleine très fertile〕
があり、そのまた向こうには耕作の行き届いた丘陵があり、人々が多く
住んでいる〔les coteau les plus cultivé, habités〕。とりわけそこはオリ
ーヴの木が多いので、それはまことに美しい景色である〔il n'est rien
de plus beau à voir〕。これらの丘陵の間には、時になかなか高い山が
あり、それがまたてっぺんまで耕されてあらゆる種類の果実に満ちあふ
れている。わたしは持病の疝痛が激しく起こり、それが二十四時間もつ
づき、これ以上の苦しみはあるまいと思われたほどであったが、それに
してもこの土地の美景はわたしを楽しませた」〔Montagne：t.2, 226
（586）, モンテーニュ：173〕。「我々は木曜日、昇天祭の日、昼食後にこ
こ〔ピストイア〕を出発。始めしばらくは同じ平野の中を進んだが、や
がて少し起伏のある道にかかり、そのあと再び非常に美しい広々とした
平野に出た。麦畑の間にたくさんの樹木が植えられ、それらの樹木はぶ
どうで覆われ互いにからみ合っていた。こうした田園はさながら庭園の
ようである〔ces champs samblent être des jardins〕。この街道筋から
眺められる山々はこんもりと樹木に覆われている。主にオリーヴ、栗の
木、それから養蚕用の桑の木である」〔Montagne：t.2, 293（653）, モ
ンテーニュ：199〕。領主貴族として領地の経営にも熱心なモンテーニュ
は、農学者ヤングに負けないくらい農作物への関心が強く、風景を捉え
る際にも具体的な樹種への言及を忘れていない。

　モンテーニュの田園への愛着は、ネガティヴな光景の描写と比較する

17）斎藤広信によれば、モンテーニュが愛でたのは「手つかずの、野生のままの自然」で
　はなく、「耕作が行き届き、人家が点在する丘陵や平野の景色」であって、その点では
　18世紀後半以降の旅人とは異なるという（85頁）。しかし本稿で検討を加えた通り、18
　世紀後半の旅人も同様の風景を愛でた。

ことで、より一層明確になる。「我々は同じ木曜日にここで昼食をすませ
てから、山の多い不毛な道〔chemin montueus & stérile〕を通って、晩
にプロンテン PFRONTEN（四里）に来て泊まった[18]」〔Montagne：t.1,
115(257)，モンテーニュ：50〕。「ラ・パグリラ LA PAGRILA（二十三マ
イル）に着いた。不毛な荒れはてた山々〔plusieurs montaignes stériles,
& mal plaisantes〕の麓に、見すぼらしい五、六軒の家が集まった寒村
である」〔Montagne：t.2, 75(435)，モンテーニュ：115-116〕。「我々は
楽な、平坦な道をたどった。ガスコーニュの荒原のような不毛な所〔un
pays stérile comme les Landes de Gascogne〕だった」〔Montagne：t.
3, 311(995)[19]，モンテーニュ：267〕等々。モンテーニュ（とその秘書）
にとって、人手の加わっていない土地は「不毛（stérile）」以外の何もの
でもなく、風景としての評価基準は、その土地が肥沃（fertile）で耕作さ
れている（cultivé）かどうかだった。もちろん絵画と比べられるのは、後
者である。「これらの山頂のあいだあいだには、高みにも低い所にも、豊
かな平野がたくさん見られる。ある所に立って眺めると、往々にして眼
もとどかぬほどに広い平野とさえ見える。どんな絵画といえどもこれほ
ど豊かな景色を再現することはできそうにない〔Il ne me samble pas
que nulle peinture puisse represanter un si riche païsage 〕」
〔Montagne：t.2, 234(594)，モンテーニュ：176〕。

　崇高については、モンテーニュがこの概念を有することはなかったが、
『旅日記』には恐怖を覚えるような荒々しい自然景への言及がしばしば見
出される。「ここ〔コールマン／ラ・コルマ〕を出ると道が少々狭くなっ
た。ところどころ岩が我々の上に押し出してきて道はますます狭まり、
川と我々とがぶつかりそうであった。〔……〕我々に触れんばかりの山々

18）「山の多い不毛な道」は訳書では「山の多い不毛な地方」となっている。他方、「プロ
　　ンテン PFRONTEN」は、原著では「FRIENTEN」と表記されている。
19）第3巻はイタリア語原文が左頁に、フランス語訳が右頁に記載されている。したがっ
　　て、この箇所のイタリア語原文は第3巻310頁（通し頁番号994頁）に載っている。

は、ほとんどみな恐ろしい岩山〔des rochiers sauvages〕で、あるものは大きな岩の塊であり、あるものは奔流によって割れ砕け、またあるものは鱗のようにはげ落ちて、麓の方にびっくりするような大きさの石をいくつも落としている。（こういうところは大嵐の時などさぞ危険なことであろう。）ほかのところでは樅の木の森全体が根こそぎ抜かれて、その根にくっついた小さな土の塊ごと吹き払われた跡を我々は見た」[Montagne：t.1, 180-181（322-323），モンテーニュ：76]。覆いかぶさるように迫り出す岩塊、足もとを轟々と流れる奔流、猛烈な勢いで吹き荒れた暴風を物語る巨大な倒木、まさにサルヴァトーレ・ローザが描く風景そのものと言える描写だ。秘書をロヴェレートの宿屋に残して友人たちとチロル地方の小村トルボレを訪れたモンテーニュが、土産話に語ったのも、そうした荒々しい自然だった。「皆様は湖水を渡ってそこまでゆかれたが、行き五マイル、帰りもほぼそれくらいで、五人の漕ぎ手で三時間ばかりかかった。〔……〕この湖は、暴風のときには非常に波立ち荒れる。湖水の周囲は、我々が見て来たどの山々よりも険しく不毛な山だと、皆様は帰って来てお話になった。なおロヴェレートを出てから、アディジェ川を渡られ、ヴェローナ街道を左手に見て深い谷間に分け入られる、そこにとても細長い村と小さな町があったとお話になったが、それはひどい道で、例の山々が道をふさいでいるので、実に恐ろしげな景色〔le prospect le plus farouche〕であったという」[Montagne：t.1, 201（343），モンテーニュ：84]。未だ畏怖の念ないし恐怖の感情と美とが結びついてはいないものの、自然の計り知れない力を前に何かを語らずにいられないでいる点は注目に値しよう。萌芽的な形ではあれ、崇高の概念を受け入れる土壌はすでに存在していたと考えても間違いなさそうである。

5　道路状況への関心

　ところで、近世の旅行記に見られる風景の共通点は、田園美、ピクチャレスク、崇高の三大要素に限られない。道路への関心も、これらの旅行記に共通する風景の構成要素だった。ある者は馬にまたがり、ある者は徒歩で数カ月かけて旅を続けた。道路状況の良し悪しが、旅程に大きな影響を与えたことは容易に想像できる。また馬車を利用したとしても、乗馬や徒歩よりも快適でも安全でもなかった。悪路では上下に激しく揺れたし、下手をすれば脱輪などの事故に遭遇することもあり得た。ヴォルフガング・アマデーオ・モーツァルト Wolfgang Amadeo Mozart[20]（1756-1791）の手紙にも、馬車旅の苦労や危険についての言及が見られる。「ここに到着して幸福かつ満足でした。幸福というのは、途中何もいやな目に遭わなかったからであり、満足というのは、短いけれど非常に辛い旅で、いつ目的地に着けるものか予知できないくらいだったからです。本当に、ぼくたちだれ一人として、夜のあいだ一分だって眠れませんでした。こんな車に乗っていると、魂がからだから押し出されてしまいます！　それに座席ときたら、石のように固いのです！　ヴァッサーブルクあたりから、ぼくはもう自分のお尻をミュンヒェンまで無事では持って行けまいと思いました！　すっかりたこだらけで、おそらくまっかになっていると思います。二つの駅のあいだ、クッションの上に両手をついて、お尻を宙に浮かしていました。でも、もうやめましょう。すんだことですから。しかし今後ぼくは、駅馬車に乗るよりは、むしろ歩くのを常例とします」（1780 年 11 月 8 日、父レオポルト宛）［モーツァルト：223-224］。この手紙の十年前には実際に事故にも巻き込まれている。

20）日本では一般的に、ヴォルフガング・アマデウス・モーツァルトと表記されるが、ここでは石井宏に倣い、モーツァルト自身が使用した「アマデーオ」という名前を採用した。石井宏『モーツァルトは「アマデウス」ではない』集英社新書、2020 年。

「親愛なる友よ。〔……〕父の計画ではロレットからボローニャの路をとるはずでした。そこからフィレンツェ、リヴォルノ、ジェノーヴァを経てミラーノへ行くつもりだったのです。したがって、だしぬけにフィレンツェについて、あなたを驚かせるつもりだったのです。しかし駅馬車の後馬が倒れたため、父が運わるく脛に怪我をし、その怪我のため三週間も床につくことになったばかりでなく、ボローニャに七週間も足どめされてしまいました。こんないやな事故のため、考え方を変えて、パルマを経てミラーノへ行かなければならなくなったわけです」（1770年9月10日、トーマス・リンレイ宛）［モーツァルト：20-21］。

　先に引いたモンテーニュの『旅日記』でも「ひどい道」という表現が見られたが、逆にしっかりと整備された道路は、それだけで称賛に値するものであった。「この〔サン・キリコ〕辺りの道路はすべて、トスカーナ公の命によって今年修復されたばかりである。まことに立派な工事で、公共のために非常に有益なことである。神この人の功に報い給わんことを。まったく、以前はひどい悪路であったのに、おかげで今は市中の街路のように楽々と歩けるのである」［Montagne：t.3, 375 (1057) [21]，モンテーニュ：279］。こうした道路状況への関心と言及は、身体的な空間評価による風景描写と言うことができよう。そして、この身体を通じての風景描写は、これまで見てきたいずれの旅行記にも見出されるものである。

　逃避行を続けるサド侯爵にとっても、道路は快適であることに越したことはない。「フィレンツェを1775年10月21日土曜日、午後3時に発ち、私どもタヴェルネなる場所で一夜を過ごすことにしました。やはりアペニン山脈の中を、いつも昇り下りしながら、二つの宿場を踏破しました。それでも、道は良好です〔Le chemin d'ailleurs est bien tenu〕。〔……〕12時半にはシエーナの《トレ・レ》（三王）に着きました。道は

21）イタリア語原文は、t.3, 374 (1058) に掲載。

きれいですが、起伏に富んでいます〔le chemin beau, mais montueux〕」
[Sade：I, 78，サド：125]。「ローマに到着する6マイル以上も前に、サ
ン・ピエトロのクーポラがすべての上に聳えているのが見えます。そこ
からローマまでの道はややましですが、ここまでの道はひどいものです
〔De là jusqu'à Rome, le chemin est un peu meilleur, mais jusque-là il
est détestable〕」[Sade：I, 81，サド：134]。

　農学者アーサー・ヤングも、農作物や植物だけでなく、道路への関心
を共有する。「フランス人には、人に見せられるだけの農業がないにして
も、道路〔grande route〕がある。ヌヴィリエ氏の美しい森林を通り抜
ける道路くらい、美しく、たとえて言うなら、庭のように整然と手入れ
の行き届いた〔mieux entretenue〕ものはない」[Young：t.1, 5，ヤン
グ 1983：14]。興味深いのは、ヤングの場合、道路の評価基準がたんに
歩きやすいかだけではないことだ。彼にとっては、どのような手段で道
路が整備されたのかも、重要なチェック項目となっている。たとえ歩き
やすく美しい道路であっても、非人道的な手段で作られていれば、そ
の評価は低くなる。「サメールからの全行程、街道は見事に造られてい
る。それは丘を切り崩し、谷を埋めた広大な土手道である。忌まわしい
賦役〔abominable corvée〕について知らなかったら、ほめそやしかね
ないところである。賦役は私の心に不幸な農民に対する同情の念を起こ
させる。彼らの汗と血〔des sueurs et du sang〕から、この偉業は絞り
出されたのだ[22]」[Young：t.1, 5，ヤング 1983：14]。「ラングドックの
道路〔grandes routes〕くらい旅行者に印象的なものを知らない。〔……〕
この努力は素晴らしいし見事である。道路建設につぎ込む税金の不公平
な徴収〔le taxe injuste〕を考えないですむなら、私はこの州の当局に
よって示される壮麗さに感嘆して旅するだろう」[Young：t.1, 90，ヤン

---

22) 引用文中、「賦役」および「彼らの汗と血から」は、英語版からの宮崎訳ではそれぞ
　れ「夫役」、「彼らの強制労働から」となっている。もとの単語は「corvée」、「extorted
　labour」。

グ 1983：59]。

　このようにヤングは本来農作物を育てるべき農民たちが道路建設に駆り出されることに憤りを禁じえない。その一方で、本来農作物の育成に充てられるべき土地が、耕作されないままに放っておかれていることにも我慢がならない。そのどちらも封建制ないし封建領主が責を負うべき害悪なのである。「大河ガロンヌ、ドルドーニュ、シャラントにはさまれたこの地方三七マイルに、したがって、市場をひかえたフランスで最良の地方の一つに、未開墾の荒地が驚くほどある。全行程に顕著な特色である。こうした荒地の多くがスビーズ大公のものだ。彼はそれを一寸たりとも売ろうとしない。大領主に会うとどこでも、巨万の富を持っている人でさえ、その人の所領が荒れはてて、手つかずのままであること請け合いである。ブイヨン公とこの大公がフランス領主の双璧である。その広大さに見られる特色のすべては、未開墾の荒地、荒原、荒野、シダの自生地、ヒースの繁茂する土地にある。── どこでもよいから、彼ら貴族の館へ行ってみたまえ。それは鹿や猪や狼と仲良く森の中にあるから。ああ、一日でもフランスの立法者になれたら、こんな大領主をきりきり舞いさせてやるところだ」[Young：t.1, 136, ヤング 1983：81-82]。これらの引用から、風景は倫理的ないし政治社会的な眼差しを通しても立ち現れることが見て取れる。

6　非 - 視覚の風景 ── 今後の展望

　人間が外界を認識するために用いる、いわゆる五感は、歴史上、同じ重みを有してきたわけではない。本稿冒頭で引用した西田正憲は、ルネサンス期の西欧における透視遠近法の発見が「視覚の圧倒的優位のもとに世界を単一視点へと秩序化し、中世の神的秩序や象徴的価値の世界を転倒」させたと指摘する［西田：99］。同様にアラン・コルバンも、「ル

ネサンス期以来われわれは視覚の支配を受けいれて」きたことを確認したうえで、人類の長い歴史の中では「空間の評価は〔視覚以外の〕さまざまな感覚と結びついていた」ことに注意を促している〔コルバン 2002：19〕。前節で見た、道路状況を描写する身体的な空間評価や、ヤングが示した倫理的・政治社会的な判断基準を通した空間評価も、そうした非－視覚の風景と見なすことができるだろう。有名なところでは、コルバンが提唱した「音の風景」paysage sonore を挙げてもよい。コルバンは大著『大地の鐘──19世紀の田園地帯における音の風景と感性の文化』（邦訳『音の風景』）で、「かつて人々に強く訴えかけた〔教会の鐘の〕音がもっていた、今では失われた意味を復元」しようと試みたのだった〔コルバン 1997：2〕。風景と言えば、ついつい視覚を通した空間評価ばかりに着目しがちであるが、こうした視覚以外の感覚を通じた風景把握の仕方があったことを忘れてはならない。

　たしかにモンテーニュの旅日記にも、音と結びつけて風景を捉えた箇所が数カ所見つかる。例えば、以下のような表現。「我々は九月二七日、昼食後ここ〔プロンビエール〕を出発して、山また山の地方を通過した。馬の足音は地にひびき、まるで丸天井の建物を歩いているようだったし、太鼓が我々の周囲に鳴り響いているようだった〔qui retentissoit partout soubs les pieds de nos chevaus, comme si nous marchions sur une voût; & sembloit que ce fussent des tabourdassent autour de nous〕」〔Montagne：t.1, 37(179)，モンテーニュ：17〕。あるいは次の描写など、これまで私たちが確認してきた近世ヨーロッパにおける風景の構成要素がすべて詰まっている。「〔デラ・ヴィラ温泉で〕わたしは契約する前にほとんどすべての部屋を見てまわり、中で一番よい、とくに景色のよい部屋をとった。（少なくともわたしの部屋としたところは眺めがよい。）小さな渓谷やリマ川がひと目で見渡せる。その渓谷を囲む山々は、どこもよく耕されて山頂まで青々としている。栗の木やオリーヴの木が多く、でなければぶどうの木が山々をめぐって植えられ、円形に段を成して山

をとり囲んでいる。外側に向かってやや高くなった大地の縁の方がぶど
う畑で、凹んで見えるところは麦畑である。部屋にいると、夜通し、こ
の川の音がまことに快く聞こえる〔De ma chambre j'avois toute la nuit
bien doucemant le bruit de cette riviere〕」〔Montagne：t.2, 297-298
（658-659），モンテーニュ：201〕。

　書簡集で名高いセヴィニェ夫人 Madame de Sévigné（1626-1696）の
手紙からも、似たような感性を窺うことができる。「昨日かなり朝早くパ
リを発ちました。途中、ポンポンヌ家に立ち寄っておひるをいただきま
した。〔……〕結局、六時間ほど、大変まじめなお話しでしたが、大変楽
しく語り合ってから、お別れしてこちらへまいりました。来てみれば、
ここはもう五月のかちどきが揚がっています。ナイチンゲール〔rossi-
gnol〕、カッコウ〔coucou〕、ムシクイ〔fauvette〕が私たちの森の中で
春を開く。夕方ずっとたった独りそのなかを散歩しました。悲しい思い
が悉く胸に蘇ってきました。でもきょうはもうそんなことをお話しした
くありません。いま、取っておきの午後の一と時を、庭に出てあなたに
手紙を書いています。三四羽のナイチンゲールが頭上でしきりに囀って
います。今晩パリに帰り、包みをつくってこれをお送りいたします」（1671
年4月29日）〔Sévigné：238，セヴィニェ：138-139（一部改変）〕。

　「風景」と言えば、視覚を通じて認識される景色を前提に議論されがち
であるが、近世においては聴覚を通じて認識される音もまた、風景を構
成する重要な要素であった。従来、ヨーロッパ世界における風景の構成
要素とされてきた、田園への愛、ピクチャレスク、崇高といった概念は、
いずれも視覚に依拠する。しかし風景とは、目だけを通して構築される
ものではない。音やにおい、あるいは肌が感じる温度や湿度といった、
身体感覚全体を通じて風景は構築されると考える必要があるだろう。そ
のように考えれば、風景の歴史についてはまだまだ語るべきことが残さ
れている。

【参考文献】

石井宏（2020）『モーツァルトは「アマデウス」ではない』集英社新書

岡田温司（2010）『グランドツアー　18世紀イタリアへの旅』岩波新書

川北稔（2010）『イギリス近代史講義』講談社現代新書

小西嘉幸（1988）「庭のなかの風景」、樋口謹一編『空間の世紀』筑摩書房

斎藤広信（2012）『旅するモンテーニュ―十六世紀ヨーロッパ紀行』法政大学出版局

澁澤龍彦（1983）『サド侯爵の生涯』中公文庫

嶋中博章（2020）「サド侯爵夫人」、堀越宏一編著『侠の歴史　西洋編（下）』清水書院、196-210頁

西田正憲（1999）『瀬戸内海の発見　意味の風景から視覚の風景へ』中公新書

樋口謹一（1988）「序論―なぜ空間の世紀か」、樋口謹一編『空間の世紀』筑摩書房

横田伴裕（2005）「サドのイタリア紀行」、『フランス文学』第25号、25-33頁

山上浩嗣（2022）『モンテーニュ入門講義』ちくま学芸文庫

コルバン（アラン）（1997）、小倉孝誠訳『音の風景』藤原書店

コルバン（アラン）（2002）、小倉孝誠訳『風景と人間』藤原書店

サド（マルキ・ド）（1995）、谷口勇訳『イタリア紀行I』ユー・シー・プランニング

セヴィニェ夫人（1943）、井上究一郎訳『セヴィニェ夫人手紙抄』岩波文庫

トマ（シャンタル）（2006）、田中雅志訳『サド侯爵　新たなる肖像』三交社

フランクラン（アルフレッド）（2007）、高橋清徳訳『排出する都市パリ　泥・ごみ・汚臭と疫病の時代』悠書館

モーツァルト（1980）、柴田治三郎編訳『モーツァルトの手紙（上）』岩波文庫

モンテーニュ（1992）、関根秀雄・斎藤広信訳『モンテーニュ旅日記』白水社

ヤング（アーサー）（1983）、宮崎洋訳『フランス紀行　1787, 1788 & 1789』法政大学出版局

ヤング（アーサー）（2012）、宮崎揚弘訳『スペイン・イタリア紀行』法政大学出版局

レリー（ジルベール）（1970）、澁澤龍彦訳『サド侯爵　その生涯と作品の研究』筑摩書房

CLÉMENT (Gilles) (2012), *Jardins, paysages et génie naturel*, Collège de France/Fayard, Paris.

LÉLY (Gilbert) (1982), *Vie du marquis de Sade*, Garnier, Paris.

LEVER (Maurice) (1991), *Donatien Alphonse François, marquis de Sade*, Fayard, Paris.

MONTAGNE (Michel de) (1774), *Journal du voyage de Michel de Montaigne en Italie, par la Suisse & l'Allemegne en 1580 & 1581. Avec des Notes par M. de Querlon*, 3 tomes, Le Jay, Paris (Reproduction en fac-similé de l'édition de 1774: texte établi et présenté par Philippe Desan, Société des textes français modernes, Paris, 2014).

SADE (Donatien Alphonse François, marquis de) (1995), *Voyage d'Italie*, I. Édition établie et présentée par Maurice Lever; II. Dessins de Jean-Baptiste Tierce, choix des œuvres et des légendes par Maurice Lever, notice sur Tierce par Olivier Michel, Fayard, Paris.

SÉVIGNÉ (Madame de) (1972), *Correspondance I*, texte établi, présenté et annoté par Roger Duchêne, Pléiade, Gallimard, Paris.

THOMAS (Chantal) (1994), *Sade*, Seuil, Paris.

YOUNG (Arthur) (1793), *Voyages en France, pendant les années 1787–88–89 et 90, Entrepris plus particulièrement pour s'assurer de l'état de l'Agriculture, des Richesses, des Resources et de la Prospérité de cette nation*, traduit de l'Anglais par F. S. [François Soulès], 3 tomes, Buisson, Paris.

ウェットランド（湿地）と
ウィルダネス（荒野）の風景学
── アメリカ合衆国大西洋岸平野とミシシッピデルタ ──

野 間 晴 雄

1　はじめに

　自然は，その中で生を営む人間にとって，相互的に関係し合う環境として注目すべき意味をもつ。これまで研究者は，宗教，哲学，歴史，人類学，博物学，地理学，文学，絵画・写真，建築・土木（中川 2008）などさまざまな学問や活動を通して，知覚した自然の経験や記憶を，一定の体系の表象として書き留めてきた。これらの表象は，われわれの自然認識を豊かにするとともに，自然との有益で合理的な関係を構築する際の指針を提供してきた。

　世界の土地自然のなかで人間の力がなかなか及ばない範疇の用語としてウェットランド（wetland, 湿地）とウィルダネス（wilderness, 荒野／原生自然）がある。ウェットランドを『オックスフォード新英英辞典』でみると，land consisting of marshes or swamps; saturated land とあり，通常は，沼沢地，湿地，湿地帯などの日本語訳があたえられる。

　湿地は，陸域と水域の交わるところに形成される。環境省が選定する日本の重要湿地 500 の選定基準では，「湿原・塩性湿地，河川・湖沼，干潟・マングローブ林，藻場，サンゴ礁のうち，生物の生育・生息地として典型的または相当の規模の面積を有している場合」となっている。

　それに対して，ウィルダネスは，uncultivated, inhabited, and inhospitable region として，neglected or abandoned area とか a position of disfavor, especially in political context という説明がつけられている。その語源が wilerormes で，これは，野生動物のシカ（déor, wild deer に ness の接尾語がついたもの）とされている。一般には，荒野，原野という訳語があたえられている。『ケンブリッジ英語辞典』では以下のような説明がついている。

an area of land that has not been used to grow crops or had towns and roads built on it, especially because it is difficult to live in as a result of its extremely cold or hot weather or bad earth.

作物が生育しない，人が住むのに適さない土地で，環境条件からも厳しい土地である。

アメリカの環境史学者のナッシュは，その古典的な著書（Nash 1967）のなかで，植民地化以降のアメリカ人の自然に対するさまざまな態度と，その文脈における「荒野」の使用法について検討している。荒野を残すためには，逆説的に荒野を管理しなければならないと主張する。

アメリカ合衆国では，荒野とは，ヨーロッパ人の入植以前の未開の状態を残している原野や森林など，手つかずの自然を意味する。

本報告ではこの2つの用語のアメリカ合衆国での存在のありようについて，まずその広がりを地形と関連付けて確認する。次に，17世紀以降にヨーロッパ諸国から移住した人びとがこれらの土地自然を，風景という多分に主観をまじえた眺めとして認識することを確認したい。さらに，開発・利用対象としていかなる改変をおこってきたかの環境史を，彼らの母国との宗教的・文化的背景も参照して，アメリカという新天地での経験と実践としての開発・開拓の技術と表象の二軸から比較から読み解いてきたい。対象とする地域は，ニューイングランド，サウスカロライナ州とチャールストン，ルイジアナ州とニューオーリンズである（図1）。

本報告の核心をなす学術的問いは，意識的であれ無意識的であれ，風景表象には表象化した主体による意図や意味（文法，コード）があり，その地誌記述を読み解くことで，人間が風景を通して対象化した自然と

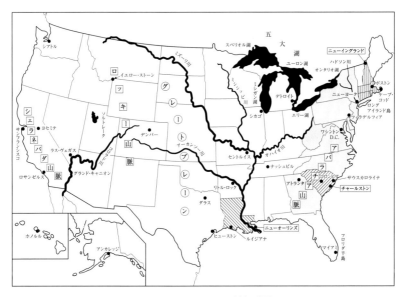

図1　ミシシッピ川と対象地域
（笹田直人編著『都市のアメリカ文化学』ミネルヴァ書房，2011，付図に，筆者追記
して作製。網かけ部分は東部13州，斜線領域が対象地域）

の関係を分析・考察することができるという仮説である。この文脈で，
アメリカ合衆国におけるウェットランドやウィルダネス自体の風景表象
の変化の方向性を開発史と絡めて，20世紀までの長いタイムスパンで俯
瞰を試みる。

2　イギリスのウェットランド（湿地）とウィルダネス（荒野）

　アメリカでの概念を検討する前に，この概念が本家イギリスでどのよ
うに受容されてきたかを概観しておきたい。国土開発が古いイギリスで
は，純粋なウィルダネス，真性の自然は存在しない（Carver and Fritz
2002）。ゲルマン系のアングロサクソン人がドイツ西北部からからブリ

タニア（現在のブリテン島）に5世紀以降に移動し定住した。彼らによって，森林が伐採され，集落が形成され，土地が開発されていった。最も開発が遅れたのはスコットランド高地（ハイランド）である。2000年前にはアメリカのウィルダネスでは典型的なオオカミ，シカ，ビーヴァー，オオヤマネコも見られたが，この自然が比較的よく残るハイランドですら，約200年で農村経済に巻き込まれて，二次的なウィルダネスしか存在しない。そのため，イギリスでは限定的にしか，現在，この用語を使わない。もっぱら，人びとがいかにウィルダネスを認識するかといった認知空間として存在する。

　一方，ウェットランドは長らく放置されていた沿岸の湿地がブリテン島にはかなり広がっており，なじみ深い用語である。その開発は，森林の伐採，土地占拠，農地化という通常のプロセスをとらない特殊方法で，過剰な水をいかに排除して，農地化にしていったかを，治水・土木技術史と関連させて多く語られてきた。その代表がフェンランド（the Fens）である（Darby 1940）。

　イギリス歴史地理学の大御所であったダービー（H. C. Darby: 1909-1992）は，歴史地理学の叙述理論として，「時の断面」の復原をまず考えながら，それを静態的な説明に矮小化しないために，景観変遷という叙述方法[1]を提案した（服部・木原・田畑 1978）。イングランドの景観の初期変化の重要な契機として，森林の伐採（clearing the wood），湿地の排水（draing the marsh），荒れ地／ヒースの開拓（reclaiming the heath）の3つをあげた，その後，17世紀末に審美的な景観として風景

---

1) 菊地利夫は欧米の「新しい地理学」の影響をうけて，わが国では希有な歴史地理学方法論を，試行錯誤のなかで提案している（1977: 32-34）。そこでは，本質理論，叙述理論，復原理論，説明理論を区別してとりあげ，歴史地理学では圧倒的に叙述理論と復原理論が中心であった特殊性を述べている。その背景には，歴史地理学の本質理論は地理学の本質理論と同じであるという前提にたっていることがある。換言すれば，地理学の下位区分として歴史地理学をとらえているといえよう。一方，藤岡謙二郎はそれを明言的に「もうひとつの地理学」として，系統的な歴史地理学と歴史地誌に二分することを提唱する（藤岡 1955）。私の立場は，この「歴史地誌」＝「特殊歴史地理学」としてウェットランドやウィルダネスの存在構造を考察することである。

庭園（landscape garden）と町の発達と工業化（towns and seat of industry）をあげた（Darby 1951）。

　ホスキンス[2]（W. G. Hoskins: 1908-1992）はイングランドの風景／景観を，先史時代から現代まで，ひとびとの生活の重層した歴史として鮮やかに描き出した（Matless 2008）。地図，考古遺物，地表上の痕跡，集落などを空中写真や印象的な風景写真を多用して一般向き書物として刊行した。それが1955年の『景観の歴史学』（1955）である。徹底して景観構成物としての地形，植生，考古遺物，道路，水路，農地形態，集落・家屋，邸宅，庭園，教会や修道院などの個別事物の立地・配置の考察と記述にこだわる一方で，ロンドンの記述はほぼ皆無である。小さな町の景観についても全10章のうち1章が割かれているに過ぎない。現代の都市化は醜悪な景観破壊としてとらえている。

　彼の著作は歴史景観保護活動（Royal Commission on the Historical Monuments of England, 略称RCHME）にも大きな影響力をもったし，地理学者のスタンプ（L. Dudley Stamp）との共著"*The Common Lands of England and Wales*"（1964）もある。ダービーとはお互いの著作の引用はあり，方法論的には近いにもかかわらず，一定の距離を置いていたと推定される。本書は，より市井に近く，景観考古学，歴史生態学ともいいかえられる豊かな内容と明晰な文章力で書かれている。それがイギリスで2013年に復刊された証左であろう。ダービーがアカデミックな頂点から描出した風景を，ホスキンスは土地に刻まれた歴史を現地で実

---

2) ホスキンスはイングランド南東部のデヴォン州エクセター（Exeter）の生まれで，イギリス地方史の大家として知られる。エクセター大学の地域史の教授もつとめた。この専門課程は彼のために1948年に初めて開設され（柴田忠作の翻訳書の筆者紹介）。一時，ホスキンスはオックスフォード大学で経済史の教鞭をとったこともある。ただし彼は庶民の出で，エリート研究者ではない。地域に根を下ろしながら，ダートムーア保全協会，デヴォン歴史協会などでの活動が中心であった。ブリティッシュ・アカデミーの特別会員に選出されるなどその名声は全国的であり，彼の監修のもとで『各州別景観史』も刊行されたが，終生，農村風景を愛し続け，その保全と啓発につとめた。その代表作が1955年刊行の『イギリス景観形成史』（邦訳は『景観の地理学』）である。歴史地理学者としての紹介は池野茂（1978）参照のこと。

感する愉楽を次のように述べている（ホスキンス 2008: 90）。

　　陸地測量部の１インチ地図を取り出して，書物を読むように腰を
　落ち着けて一時間も見続けていると，じわじわと楽しさがこみ上げ，
　想像力が羽ばたいてくる。限りなく変化にとんだ地名には，イング
　ランド各地域の放つ独特の香気が漂い，精妙な神経のような複雑な
　道路や細道，村や小村のたたずまい，辺鄙な田園の堀をめぐらした
　夢を誘う農場屋敷，原野にぽつねんと立つ教会堂，また等高線や教
　区の境界道路の創り出す，相互に調和した図形などに思いをめぐら
　すからである。この地図を，頭の中でひとつずつ解剖してみると，
　実際にはその地方を知る知らないにかかわらず，地域の歴史を大い
　に学ぶことになる。
　　このような刺激的な地図のひとつが，ウォシュ入り江周辺の，特
　にその西側，南側の地域――リンカンシア＝ノーフォーク沼沢
　（Marshland）――のものである。この美しい地図をわずかな行数で
　説明しようとしても，交響楽のプログラムの解説が曲の特色を伝え
　られないのと同様，まさに不可能なのである（以下，略）。

3　アメリカのウェットランドとウィルダネスの風景

　いわゆるコロンブスの「地理上の発見」以降，北アメリカ大陸にも，
スペイン，イギリス，オランダ，フランス，ロシア人らがさまざまな動
機でたどりつき，先住民であるインディアンとの交易，探検，植民を行
ってきた。最終的には，大西洋側にはイギリスによる東部の13植民地が
生まれ，それぞれ独自の開発がすすんだ。また，大西洋北東海岸には，
バスク人やフランス人，ノルウェー人らが漁業資源や毛皮を求めて断続
的に訪れ，やがて定住集落を形成していった。そのメインルートとなっ

たのがニューファンドランド島やセントローレンス川河口であり，やがて五大湖を経て，ミシシッピ川（Mississippi）を南下する探検がフランス人によって進展する。

　ここでは，ヨーロッパからの初期植民による大西洋岸の開発と，ミシシッピ川河口の開発をウェットランドとウィルダネスという用語をもとに考えてみたい。なお，ウィルダネスはアメリカでは西部へのフロンティア開発，ロッキー山脈や砂漠への人びとの進出，そのなかで，真正な自然をまもるための囲い込みによる自然保護から国立公園制定への道筋の文脈で多く論じられてきたし，郊外や都市との関わりで相対的に自然がよく残った場所としても，考察の対象となってきた（野田研一 2011）。これらの多様な意味づけ（Cronon 1995）については，今後の課題として，本稿では，上の３つの地域の風景について考えてみたい。

3-1　ニューイングランド地方のウィルダネス

　ニューイングランド（New England）とは，アメリカ合衆国北東部の6州（北から南へ，メイン州，ニューハンプシャー州，バーモント州，マサチューセッツ州，ロードアイランド州，コネチカット州）を合わせた地方である。その中心都市がマサチューセッツ州のボストンである。WASP（ホワイト，アングロ・サクソン，プロテスタントの略）の白人エリート支配層が多い地域でもある（渡辺靖 2004）。これら建国の母体となった植民者であるピューリタンは，現在まで強い宗教的契機を保持してきた。神への絶対服従と神の下での平等，司祭をもたず，偶像崇拝を禁止し，質素倹約や禁欲生活を旨とした。それはときとして他者への不寛容にもつながる。

　長谷川章は『田園都市と千年王国』（2021）の大著のなかで，カトリックでは現在の地上に実現されているという後千年王国思想であるが，プロテスタント教会のそれは，キリストの再臨によって地上に新エルサ

レムが実現されるという前千年王国思想であると峻別する。プロテスタントはキリスト再臨を準備するために，浄化されたユートピアとしての理想都市を建設しようとした。イングランドから来た移民は「神の国」を造るために新大陸にやってきた。しかし，実際の開拓は困難をきわめ，インディアンに食料としてのトウモロコシ栽培を学び，漁場を教えてもらうなど，苦難の連続であった。

　　移民の人々はピューリタニズムにおける原罪説を信じていた。生まれながら人間は堕落した罪人である。その人間を救済するのは神超自然的力以外にはない。そして大自然もまた罪の呪いを受けており，「虚無に服されている」と解釈されていた。特に森林や山岳は，中世以来悪魔が棲み魔女が踊る魑魅魍魎の支配する空間として解釈されてきた。そこには無秩序や恐怖や残虐や堕落が支配し，暗黒と悪が克服されるべき場所だったのだ。

　　これに対してウィルダネスの精神世界が生み出された北アメリカ大陸の大自然の本来の意味は，荒野だった。森林や山岳ではない。このウィルダネスという言葉は，13世紀に初めて現れる。「野生あるいは耕されていない土地」という意味である。それは聖書を反映している。聖書ではウィルダネスが「アラビアの砂漠」と解釈されているからだ。殺伐とした砂漠のような荒野としてのウィルダネスという言葉を，新大陸の森林の大自然の様相を表現するために，最初に用いたのはヴァージニアにジェームズタウンを築いたキャプテン・スミスだった。彼の著した『ヴァージニアの地図』では，このウィルダネスという言葉が多様な意味で用いられている。一つは無垢のありのままの自然であり，もう一つは将来に楽園となる土地である。この両者の意味が融合されたウィルダネスという概念が，19世紀に至るアメリカの精神文化の根底をなすものとして，あらゆる場面に登場してくる。(長谷川 2021: 162-163)

　アメリカにおけるウィルダネスは，本来，平等に機会が与えられた西部開拓での文明と荒野が出会う場所こそふさわしい概念である。しかし，ニューイングランドにはそういう荒野でなく，森林が生い茂る低地・丘陵地であった。そこでの読み替えを，環境史学者のウィリアム・クロノン（William Cronon）のニューイングランドを対象としたインディアンと植民者の環境史から考えてみたい。

　クロノンの環境史が，マクニール（1985）やクロスビー（2017）の環境史・生態史と異なるのは，世界レベルでのグローバル化や一体化による環境や生態変化をとらえるのではなく，最初にピューリタンが入植したニューイングランドというリージョナルな地域での変化としてとらえることである。植民者（イングランドからの移住者）とインディアン双方が1620年代から19世紀までのあいだに変化し，生態系も変化したという相互関係性を主眼に置く。その生態系を構成する動植物を景観要素として重視することである。換言すれば，「マツの木，ブタ，ビーヴァー，土壌，トウモロコシ畑，流水域の森林資源」などの景観要素の変化諸相を詳細に検討し，動植物群集の根本的な再編成を指摘することである。

　まず1620年代の入植時のニューイングランドの景観は「基本的にインディアンの景観」であり，純然たる荒野（ウィルダネス）ではなく，彼らがホーム（home）[3]と呼んでいた先住民による開発の空間であったという認識である。それがヨーロッパ人の定住によるその後の2世紀にわたっての変容で，すっかりヨーロッパ的生産方式になったことをクロノンはあとづけている。「歴史の外にあるというより，むしろ，歴史の内にある自然の位置」を探しだし，そうすることによってのみ「私たちは自然の外というより，むしろ自然の内に存在する人間共同体を見いだせる」という確信でもあった（クロノン 1995: 22）。

3）福田珠己（2008）はジェンダー的視点からhomeの地理学を展望している。

そこで，クロノンが注目するのは，パッチワーク的な景観，ヨーロッパからもたらされたウマ，ウシ，ブタ，ヒツジなどの家畜である。イギリス人がもたらした有畜農業は家畜化された草食哺乳類による犂（プラウ）が必須となる。「インディアンは森を焼くこと，秋と春に狩猟を集中させることで満足していたが，イギリス人は，１年中，彼らの動物の生活の管理をしなければならなかった」。その結果，「オオカミは絶滅し，地方の道路網が発達し，クローバー，牧草，ウマノアシガタ（バターカップス）で一杯の農地をもたらした」（クロノン 1995: 191）。その結果，家畜は驚くほど高価・希少となる。どんどん本国から輸入された家畜によって，広大な畑での耕作をいかに省力化，粗放的に耕作するかにかかわってきた。植民者の動物が所有されるのに対して，インディアンにとっての動物は狩猟の対象であれ，所有されず，射止め，屠殺したあとにはじめて所有という観念が発生する。また，草食動物は，大量の飼料を必要とする。そのための牧草地（meadow）や放牧地（pasture）が準備されねばならない。家畜がトウモロコシ畑に侵入してこないようにするには柵が必要となる。「柵は，定住地の所有物の権利構図だけでなく，その経済活動と生態関係に区画線をひくこと」（クロノン 1995: 206），土地を商品（コモディティ）としてみると，放牧地と非放牧地の間の強固な境界が柵であった。

　この有畜農業は基本的に商業志向である。家畜を生体として売るほか，カリブ海のバルバドスのような砂糖プランテーションに塩漬け肉として売る選択肢もあるが，いずれにせよ，哺乳草食動物は最小の労働力で金を稼ぐ最もてっとり早い手段であった。その販売のために，幹線道路が整備され，家畜市場が成立した。自然の資源はそれを利用する人間の介在があってこそ成り立つ概念である。

　ソローがマサチューセッツ州コンコードのウォールデン池のほとりで，1845 年 7 月から 2 年あまりひとりで自給自足的な生活を送り，その回想録を『ウォールデン　森の生活』（1854）に著している。しかし，ウォ

ールデンの森の外側では，すでに工業化・都市化が進んでいた。森林というウィルダネスは神が与えた試練ではなく，安らぎを求める避難所となっていった。

　1830年代から南北戦争（1861-65）にかけて，アメリカ北東部沿岸は産業の発達が著しいが，いったん都市を離れて内陸にいくと，まだ緑豊かなありのままの自然，すなわち森林と川，瀑布が残っていた。ハドソン川（図1参照）は，ニューヨーク州を南下してニューヨークの大西洋に面したエスチュアリーに注ぐ河川である。ここの風景を描いた画家たちはトマス・コール（1801-1848）を始祖とするハドソンリヴァー派と一括される。独立したアメリカのナショナリズムを背景に，旧世界とは異なる広大な自然風景を，細心の筆致で写実的に描くロマン主義的な一派をなした19世紀半ばに盛んとなったアメリカの芸術運動である。

　図2はその創始者といわれるトマス・コール（Thomas Cole, 1801-1848）の川の「湾曲部（オックスボー）」である。湾曲するハドソン川をはさんで，左半分の構図が倒木と未開墾地。右半分が開かれた土地が

図2　トマス・コール　＜オックスボー＞1836年作
（パブリック・ドメイン）

対照される。内容的には，神の宿るものとして自然を写実的に描くという，ピクチャレスク，ロマン主義的な傾向が顕著である。しかし，この地域は最終氷期に広大なローレンタイド氷床に覆われた地域で，土地は痩せ，土壌も薄く，農業生産性は元来低い地域である（貝塚爽平編1997）。それを絵画としては，理想的な緑豊かな風景として描いている。

　その一方で，このウィルダネスには元来の荒原といえる砂漠は描かれず，先住民や動物，農地や放牧地，牧草地など農業生産にかかわる風景もない。中部植民地や南部植民地ほど肥沃でないニューイングランドでは，船材や樽材としてのホワイトオークやストローブマツ（ホワイトパイン）などが，木造家屋の建築材や薪炭材としても森林資源は重要であった。大西洋貿易やカリブ海貿易など国際的な商業活動が17世紀後半にはニューイングランドでは重要になっていたのである。森林の伐採はその開拓，経済の進歩の証でもあった。

　1825年にハドソン川とエリー湖とをつなぐエリー運河が完成する。五大湖周辺とヨーロッパ間が大西洋から運河を介して繋がった。エリー運河は物量の幹線水路でもあり，すでに絵画の風景とは裏腹に，東部の経済活動の拡がりを象徴するものでもあった。1807年にはハドソン川に観光蒸気船が就航して，アメリカ版のグランドツアーが隆盛になろうとして時期でもある（長谷川 2021: 192）。

3-2　サウスカロライナ
——米プランテーションとチャールストン

3-2-a　地形の配列と海岸平野

　アメリカ合衆国の大西洋岸からメキシコ湾岸にかけては海洋堆積物からなる長大な海岸平野がひろがる。これらの海岸はプレートテクスとの関連の分類では，大西洋海岸平野（Atlantic Plain）と縁海型海岸に相当する。前者は，海洋底拡大軸両側の中央海嶺から遠く離れた地殻の安定した海岸である。後者は，メキシコ湾海岸は弧状列島と大陸の間に発達

する縁海を縁どる海岸である。いずれの地形も安定した北アメリカプレートで，プレート境界からは離れた安定陸塊の上を水平な堆積層が覆っている。

大西洋沿岸の東部13植民地こそが，探検，交易の段階を脱して，最初にヨーロッパ人が定着した地域である。そのなかで南部といわれるのが，ヴァージア州より以南のウエストヴァージニア，ノースカロライナ，サウスカロライナの4州である。

この中心にあたる最も南部らしい州がサウスカロライナ州である。州章がパルメットヤシであることもわかるように，州全体が亜熱帯的な風土である。その港湾都市チャールストン（Charleston）は北緯32度47分に位置し，人口140,476（2020）人のコンパクトな中サイズの歴史観光都市[4]である。しかし1690年時点でのチャールストンは，フィラデルフィア，ニューヨーク，ボストン，ケベックに次ぐ北米第5位の大都市であった。1840年国勢調査でも，アメリカ合衆国でなお第10位の人口を誇る大西洋岸南部の重要な港町としての地位を保っていた。その重要性は当時の国際性の反映でもある。

チャールストンはその背後に存在した米プランテーション農産品の輸出港であるとともに，その労働力として集められた多くの黒人奴隷の上陸地でもあった。大西洋を介して，イギリスの奴隷商人の本拠地であるリバプールをはじめヨーロッパ諸国ともつながりも強い。しかも，その国際性は，アフリカ系黒人のみならず，フランスのカルビン派のユグノー，ユダヤ人，アイルランド人，ドイツ人などが次々と流入・定住していったことも特筆できる。

一方，市の郊外の大西洋沿岸に目を移せば，湿地や亜熱帯性の常緑林の豊かな自然が広がる。海成の海岸平野は多様な汽水性の湿地環境を保

---

4) Travel & Leisure の2017年のアメリカでの最も人気のある都市の1位に選ばれている。なお，チャールストンとノースチャールストンを含む都市圏人口は802,122人（2019）で，工業都市で空港のある北チャールストン市と連担している。そのチャールストン都市圏は州都のコロンビア都市圏に次いで州内第2位で人口規模である。

持し，豊かな生物相がみられる。河川水は潮汐作用による海水の遡上による影響をうけ，着生植物がからみついた常緑のイトスギ（Cypress）林が鬱蒼と繁茂し，水面にはワニ（alligator）やさまざまな淡水魚類が生息し，林内にはシカなどの野生動物も生息する。

　ただ，低平な海岸平野に接して列状に連なる島の一部はリゾート地として開発され，連絡道路の整備によって，退職者向けの高級住宅地となっている。

　アパラチア山脈やピードモント台地に発して大西洋に流入する大小の河川は，下流の海岸平野にはいると，氾濫と蛇行を繰り返す。そこを海岸からしばし遡ると，淡水性の湿地が細長く連続する。この空間こそが，この地域で18世紀に全盛を迎えた米プランテーションの適地であった。機上からこの海岸平野を見下ろすと，蛇行する流路の直角方向に短冊状耕地が，氾濫原に点在している。この風景が米のプランテーションの作付跡地である。

　サウスカロライナ州[5]は，東のアパラチア山脈の支脈で標高600〜1200mのなだらかな古期山地のブルーリッジ（Blue Ridge）山脈，中生代以降の堅い堆積岩・堆積層からなるピードモント台地（Piedmont）台地，古砂丘地帯，海岸平野の4つの地形に区分される。ピードモント台地は，造山運動によってできた古い岩石が浸食された50〜300mのなだらかに起伏するケスタ地形の丘陵で，粘土質土壌は綿作地となっている。現在は過耕作による土壌侵食が激しい。古砂丘（sand hill）地帯はマツやトルコナラ（turkey oak）の貧弱な植生がつづき，人口密度も低く耕作不適地となっている。ここが6000年前までの海岸線になる。ピードモント台地地域の傾斜変換線が滝線／瀑布線（fall line）で，この境界で河

---

5) サウスカロライナ州は面積82,931 km²（第40位），人口5,148,714人（2019年，国内第19位）で，北海道と面積（83,424 km²）も，人口（2020年：5,304,413人）もほぼ等しい。北はノースカロライナ州，南と西はサバンナ川の対岸でジョージア州に接する。1729年にノースカロライナ州と分離している。隣接するノースカロライナ州，ジョージアとの明瞭な地形境界はなく連続的であり同じような海岸平野が延々と続く。

川は早瀬や浅瀬をつくる。そのさらに前面に展開するのが海岸平野で，ウェットランド風景の舞台である。この大西洋海岸平野はニューヨーク州ロングアイランド東部からメキシコ国境まで延びている長大なものである。この海岸平野の空間こそがアメリカにおける初期プランテーションの場であった。

ヴァージニア植民地ではタバコのプランテーション（柳生智子 2012），ノースカロライナ植民地では米，サウスカロライナ植民地では米と藍，ジョージア植民地では米が主作物であった。サウスカロライナ植民地では，海岸平野が面積の3分の1を占め最も広い。その形成時代によって，内部海岸平野と外縁海岸平野に分かれる。前者は66〜90mほどの緩やかなうねりを伴い，66m（20フィート）以下が外縁海岸平野である。ここの湿地がプランテーションの適地となった。

低地の海側には沿岸州（barrier, offshore bank, sand bank）がラグーン（潟湖）を隔てて海岸線に沿って砂堤が直線状に伸びているのが特徴で，その沿岸州が切れて細長い島になった沿岸州島（barrier island）も数多く点在する。潮差は2mほどとさほど大きくないので，広大な干潟が形成されることはない。

チャールストンの周辺には，サリバンズ島（Sullivan's Is.），ジェームズ（James Is.）島，フォーリー島（Folly Is.），ワッドマロー（Wadmalaw）島，キワア（Kiawh Is.）島などが分布する。その一部はビートリゾートや退職者むけの高級住宅もみられるが，そのほかは野生動物保護区や沿岸湿地の森林地帯となっている。

この地域の特色は比較的平滑な海岸線が多く，その内部が潟湖，小規模な湾などを介して，湿地，沼沢地となっていることである（貝塚爽平ほか 1985: 49）。多くの海成起源の低平な島が前面に列状にならぶ。鈴木隆介はこのような三角州のタイプを湾入状三角州（embayed delta）としている（鈴木隆介 1998: 340-341）。水深が深く，干潟や澪がほとんどないエスチャリー的な性格が強い。これが初期の開拓者の港としては

有利な条件となった。深い水深，奥まったエスチュリー的な湾内のなかで，チャールストンの港は選択されたのである。

3-2-b　初期の植民者たち

　サウスカロライナ植民地に記録の上で最初に入植したのはスペイン人である。1526年，キューバ島のハバナからスペインとの輸送船団の航海ルート上の停泊・軍事拠点として，サンタエレナ（Santa Elena）とならんで，ジョージタウンの町があるウィンヤー湾周辺を北アメリカで最初の入植地を定めた。フロリダのセント・オーガスティンに続く拠点となった。また海岸平野には，カルバン派のフランス人プロテスタントであるユグノーの国外逃亡者も入植した。

　サウスカロライナ植民地におけるイギリス系プロテスタントの本格的な入植は，1670年にウィリアム・セイル（William Sayle）に率いられた160名が，現在のチャールストンの対岸，アシュレー川右岸に上陸したことに始まる。1680年に対岸のオイスターポイント（Oyster Point）に小さな町を建設した。北アメリカにおける最初のイギリス人による計画的な町づくりがここで行われた。

　最初にここにやってきた人びとは北緯33度の大西洋上位置するバミューダ諸島）からの白人であった。この地域のサバンナ川流域にヤマシー（Yamasee）族，北カロライナ方面にはチェロキー（Cherokee）族などインディアンの諸部族が沿岸での漁撈や主食としてのトウモロコシ栽培，シカなどの狩猟で自給的に暮らしていた。なかでもヤマシー族は，他の部族を従えて，1715～17年にサウスカロライナ植民地で，植民者との戦争をまじえた。一時は周辺プランテーションが危険にさらされ，チャールストンに逃げ込むこともあった。

　もうひとつのルーツが，カリブ海小アンティル諸島の最も東に位置するバルバドス（Barbados）島である。「バルバドス冒険者たち（Barbadian Adventurers）」といわれる彼らは，ジョン・ヴァッサル（John Vassal）

に率いられ，ポートロイヤル（Port Royal）とフィア岬（Cape Fear）に入植を試みる（Weir 1983: 51）。その開拓地はアシュリー川右岸側にあった（Rosen 1992: 14-15）。狭小で肥沃なバルバドス島[6]での全面的な砂糖プランテーションではなく，販売・輸出用の商品作物の適性に応じて，あり余る広大な未開拓地のうちで，最も耕作条件や運搬条件が良い場所に，プランテーションを設置していったといえよう。湿地自体は人が土地を改良せねば，農地とはならない。海岸から8 km地点，アシュレー川とクーパー川が分流するデルタの先端にチャールストンの市街地がある。

　バルバドスは隆起珊瑚礁の石灰岩土壌のため肥沃であった。しかし，島内で粗糖までの製糖を当時としてはかなり大規模な工場制手工業として行ったため，その燃料としての森林はすぐに枯渇し，かつ人口も増えて，サトウキビプランテーションの全盛は耕地不足，森林破壊，人口急増による耕地細分化が進んだ（Watts 1987: 219-231）。絶対的な耕地不足のなかで，地主のなかには新たに北アメリカ南部に開かれたサウスカロライナ植民地に新天地を求める者がいた。また，食料や粗糖を詰める樽までも島外から輸入していたが，その重要な輸入先がニューイングランドであった。

　18世紀後半の独立戦争は第一次アメリカ独立革命といわれる。アメリカ国内には，その勝利の主体となった北部の工業資本家や大商人を中心とした社会と，南部の大プランターによるプランテーション農業を基盤

---

6) イギリスの西インド諸島のリーワード諸島，セントキッツ（St. Kitts），アンティグア（Antigua），モンセラート（Montserrat）などの小アンティル諸島の多くは，サトウキビ栽培プランテーションに特化する。そのなかで全島がほぼ砂糖生産の島となったのが1627年にイギリスが占領したバルバドス島である。1640年代に砂糖生産に舵を切り，1660年代までにバルバドスはイングランドで消費される砂糖のほとんど生産し，ほかのイングランド領植民地すべてをあわせたよりも大きな貿易と資本を産み出した。その労働力としてのプランターたちはアフリカから黒人奴隷を輸入しつづけ，1660年代には，人口多数派が黒人で奴隷である最初のイギリス領植民地となった。白人2.6万人に対して奴隷が2.7万人であった（アラン・テイラー 2020: 111）が，面積430 km^{2}の島としては過大な人口であった。

とする相異なる社会が並存する矛盾を内包していた。とりわけ人口希薄な南部は，労働力として前近代的な黒人奴隷制度を廃止することできないまま，初期の主要輸出産品であったタバコに代わって，陸島綿を中心とする綿花栽培が南部のピードモント台地を中心に広がる。綿繰機の開発・改良とも相まって，南西部，すなわちミシシッピ川河口のルイジアナ，ミシシッピ，アーカンソーなどの沖積低地の諸州にまで広がっていった。これらは1800年以降に連邦に加入した地域である（柳生智子2010: 88-89）。

　現在，アメリカ合衆国での米の州別生産量では，アーカンソー州，カリフォリニア州，ルイジアナ州，ミシシッピ州，ミズーリ州，テキサス州の順位で，この6州に現在の生産はほぼ限定されている（野間晴雄2020: 44）。しかしこの現在の分布パターンは19世紀後半になって確立したもので，それまでの中心はサウスカロライナ州とその南に隣接するジョージア州の低地地方での黒人奴隷労働力による大規模かつ集約的なプランテーションでの経営で生産されたものである。その米の積出港で，かつ黒人奴隷の上陸・陸揚げ地がチャールストンであった。

3-2-c　チャールストン周辺湿地での米栽培

　チャールストン周辺湿地の農村風景は，チャールストンのコスモポリタンな雰囲気をもった性格とは対照的である。プランターの邸宅は，広壮な前庭をもったイギリスのカントリーハウス風の意匠が施されている。その邸宅は，蛇行する海岸平野の感潮河川に沿って点在する。ただ，プランテーションの場所は湿度のきわめて高い亜熱帯的な気候である。蚊も多く，マラリアなどの蚊が媒介とする疾病も蔓延していたため，プランター家族は，ふだんはここには住まず，チャールストンの市街地の邸宅に居住し，米の移出・貿易・金融にかかわる業務などにかかわっていた。そのため，この邸宅は，プランター家族にとっては別荘的な役割を担っていた。しかし，黒人奴隷労働者にとっては，ここが居住と労働の

表1　サウスカロライナ州の奴隷の時期別送り出し地と人数

年	米海岸	西・中央アフリカ	黄金海岸	ビアフラ湾曲部	ベニン海岸	東南アフリカ	不特定	計
1701-1725	1,048 16.1		195 3.0	17 1.8			5,149 79.1	6,509 3.8
1726-1750	3,075 10.2	11,887 39.4		3,366 11.1			11,862 39.3	30,190 17.6
1751-1775	36,444 50.4	11,359 15.7	8,542 11.8	6,808 9.4	2,207 3.1	293 0.4	6,640 9.2	72,293 42.1
1776-1800	3,145 29.5	1,740 16.3	3,317 31.2	440 4.2			2,004 18.8	10,646 6.1
1801-1825	10,713 20.6	19,446 37.3	6,065 11.6		764 1.5	825 1.6	14,267 27.4	52,080 30.3
計	54,425	44,432	18,119	10,731	2,791	1,118	399,22	171,538
比率（%）	31.7	25.9	10.6	6.3	1.6	0.7	23.2	

（「大西洋貿易奴隷データベース」より集計，作表。各行の上欄の単位は人，下欄は地域別人数の比率）

場であった。プランテーション農園と関連のある自然発生集落は周辺にはほとんどなく，農村部人口の 90 ～ 95％が黒人であった。

　ここの労働組織の特徴は課業組織（task work system）である。これは，1 日の米栽培の仕事別ノルマを定めるもので，早く終われば，空き時間に狩猟や手工業などに取り組むことが可能である。カリブ海の砂糖プランテーションにみられる組組織（gang system）による流れ作業的な単純労働ではなく，自らの創意工夫が収穫量に反映する。

　表1はサウスカロライナにもたらされた黒人奴隷がアフリカのどの地域からの送り出しかを筆者が地域別に集計したものである。18 世紀の1726-1750 年の 25 年間にはコンゴなどを中心とした西・中央アフリカが多かったのに対して，18 世紀の後半は米海岸（Rice Coast）といわれるシエラレオネ，ギニア，セネガンビアといわれる海岸湿地帯に居住する稲作技術に長けた民族が好まれて移入されたことを物語っている。サウスカロライナでの米プランテーションとの関わりを推測させる（Edda 2008; Littlefield 1981; Opala 1987）。

図3 マグノリア農園のプランター邸宅
（2014年8月筆者撮影）

　図3は1676年に設立された州内では最古に属するプタンターの邸宅である。一般にも見学できるように開放している。バルバドス出身のドゥレイトン家（Drayton）は、チャールズタウンを拠点にコロニーを建設し、アシュレー川の沿岸に米のプランテーション農園を経営した。この邸宅の庭園は、もとはさほど大きなものではなかったが、その子孫にあたるドレイトン牧師（John Grimke Drayton）が、ニューヨークの進学校で学んでいたとき、フィラデルフィア出身の許嫁に出逢い、彼女が快適に農村部でも暮らせるようにと、庭園の整備・拡大に尽力した。椿類やツツジをアメリカで最初に栽植したところとしても知られる。

　サイプレス（Cypress）といわれるイトスギ（Cupressus）が、黒茶色に近い水[7]の水路が園内に引き込まれ、寄生植物のサルオアガセモドキ（Spanish moss）が木々から垂れ下がり、シダ類が繁茂する風景がこのプランテーションの象徴となっている（図3）。庭園の中には粗末な木

---

7) 枯葉や流木からタンニンが溶けて水を黒や茶褐色になった酸性の水で、栄養分は多い。ブラックウォーターと呼ばれる。

図4　マグノリアガーデン
（2014 年 8 月筆者撮影）

造の奴隷小屋が復元されている。この庭園は，幾何学的庭園から非対称
的な風景（natural landscape）へ移行する 18 世紀イギリスの傾向と軌
を一にするものである。また，新大陸での希少な植物収集や探検がイギ
リスの博物学者[8]・プラントハンターによって推進され，新たな植物種が
導入されたこととも符合する。このような科学的植物園がアメリカ啓蒙
主義運動の重要なセンターとなったが，この庭園もその背景での拡張で
あった（図 4）。

　サウスカロライナ植民地はバルバドスで食い詰めた砂糖プランターの
コールトン卿がイギリス国王ジョジー 2 世に請願して，8 名の申請者を
領主とするきわめて大規模なプランテーション経営をめざしたものであ

8）ケイツビー（Mark Catesby: 1682-1749）はイギリス・エッセクス生まれの博物学者
　で，『カロライナ，フロリダ，バハマ諸島の自然誌』（*Natural History of Carolina,
　Florida and the Bahama Islands*）で知られる。1731 年から 1743 年の間に北アメリカ
　にわたって，アメリカ北東部各地，西インド諸島で植物や鳥類を採集した。標本はロン
　ドンの総元締めであるハンス・スローン卿に送られた。以上は，2014 年 8 月に筆者が
　この地を訪問したときに入手した資料・情報，展示解説による。

図5　潮汐灌漑用樋門
（マグノリアガーデン，2014 年 8 月筆者撮影）

った（下山 1989: 100）。最初の栽培イネの導入は，マダガスカルからの
アジア稲（Oryza sativa）を 1680 年代に導入したことに始まる。この
時期の米は畑での陸稲であった（田中耕司 1989）。

　18 世紀になると多くの米プランターが海岸平野のより内陸での淡水灌
漑稲作に向かっていった。この適地は蛇行する河川の開拓の容易な沿岸
低地である。その沼沢地の一部が簡単な構造物で締め切り貯水地を創り
出し，その水を，適宜樋門を調節して稲作け付地に送り込む灌漑様式で
ある。労働集約的なこの特異な稲作技術は，膨大な利益をプランターた
ちにもたらした。そのため，沼沢地は「カロライナの金鉱」といわれた
（Edgar 1998: 140）。

　しかし 1760 〜 70 年代までにはこのような手間がかかる稲作から，よ
り大規模な土地生産性の高い潮汐灌漑稲作にシフトしていった。感潮河
川の沿岸湿地に堤防を建設して，干満差を利用して，満潮時に塩水楔の原

図6　チャールストン周辺の沿岸平野の一次圏と二次圏
（Edelson 2011 による）

理によって，樋門から河水の上部から真水を取り込む様式である（図5）。
毎日，満潮の時間が変化するため，厳密な時間管理による樋門の水位調
節が必要なこと，堰や堤防などのインフラ整備への投資が大きい。しか
し，ほとんど勾配のない沿岸低地は，潮汐という自然のエネルギーによ
って，灌漑水（押し上げ水）が逆流するため，広範囲に灌漑が可能であ
る。佐賀平野に見られたアオ灌漑と同じ方式である。

　図6は当初チャールストンを中心に始まった米のプランテーションが
どのように拡大していったかを，エデルソン（Edelson 2011: 121-165）
の成果を要約したものである。河川水運を前提とした米の一次圏，二次
圏が描かれている。このうち，一次圏はアシュレー，クーパー川の流域
であるが，二次圏はほぼ50マイルに及ぶ他の河川流域（サンテ川など）
が含まれる。より効率的な収穫米の集荷を考えると，一次圏が中心にな

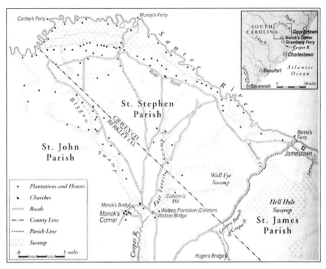

図7 背域のプランテーション
（1773年の史料により Edelson 2011, 作成）

ったと考えられる。

　図7は二次圏のサンテ川の状況を示している。プランテーションは例外なく swamp と表現される沼沢地の周囲に分布し，チャールストンへの輸送には一部で道路による陸送を併用したと思われる。

　その時期にこの潮汐灌漑をコンバシー川（Combathee R.）沿岸で試みたのがヘイワード兄弟であった。内陸沼沢地の淡水灌漑では1エーカーあたり600～1000ポンドの収量しかなかったが，潮汐灌漑地では1200～1500ポンドと倍以上の収量が期待できた，さらに奴隷一人あたりにすると，6倍もの収量となった（Edgar 1998: 266）。いわば機械化稲作の前段階で，潮汐力によって省力化を図ったのである。奴隷が通常の水田管理に使役されるのではなく，土地基盤整備に駆り出されたのである。しかし，この潮汐灌漑は沿岸から30～35マイルまで影響はあるが，海岸の地形や河川の形状によってもその影響が強い地域と弱い地域ができる。チャールストンを中心としたアシュレー川，クーパー川は内陸沿岸

湿地の米作は先駆的な取り組みであり，チャールストンの背後の海岸平野には多くのプランテーションが点在した。しかし潮汐灌漑では，この地がむしろ劣等地となり，多くの河川沿岸の内陸水田は放棄されていった。その残像景観が現在までみられる。

これに代わって台頭してきたのが，100 km 北のジョージタウンを中心とした流域である。1850 年にはサウスカロライナ州がアメリカの米生産の 74.6% を産出していたが，そのうち 44.6% がこの地区（district）であった（Edgar 1998: 269）。しかし 19 世紀の前半は世界の米市場は，ブラジル，ジャワ，ビルマなどでの生産増加，国内ではジョージア州，ルイジアナ州の米生産の台頭によって，サウスカロライナ州の占有率は下がっていった。

しかも米プランターは，アメリカ独立戦争時にはこの潮汐灌漑方式もほとんど利用しなくなっていった。高コスト，労働集約的な大西洋海岸平野の湿地稲作プランテーションは衰退する。より経営規模が大きな大型機械を用いた白人自作農民による労働節約的なミシシッピ川の氾濫原稲作が，ルイジアナ，アーカンソー，ミシシッピ州などの分水嶺を越えたアメリカ西南部，さらにはテキサス州やメキシコ湾岸平野にも拡大していく。この「ホワイトライス」体系が現在の米の主要生産地に継承されている。

奴隷の移入，米の積み出しで賑わったサウスカロライナのアシュレー川河口の国内有数の港湾都市チャールストンは，現在，コロニアルな表象を残したコンパクトな都市として，多くの観光客を集めている。黒人奴隷の歴史，売買，生活などの表象（例えば奴隷博物館）とプランターのイギリス本国のジェントルマン的な生活様式，マナー，社会慣習，港湾や鉄道，市場，公共建築物や文化施設などが保持されている。また，下流河川沿いの米プランテーションは，多くが放棄されたままになっている。

これまでサウスカロライナ州の歴史都市チャールストンと関連付けて，

その背域に展開したプランテーション，とりわけその中心となった米生産の発展過程を詳述してきた。この都市と農村それぞれ独立した存在ではあるが，コロニアルな風景の解釈というコンテクストからは統合的に解釈される。その試論を最後に披露したい。

　ここで私がとりあげた地域は，アメリカ合衆国南部の低地地方という亜熱帯的な地域である。夏は湿潤高温で，イギリスなどヨーロッパからきた植民者にとっては耐えがたい不快さ以外の何者でもない。一方，冬は降雪をみることもあり，月平均気温も東京よりも低い。そこに住む先住民のインディアンを別にすると，西インド諸島のイギリスコロニーであるバルバドスからの砂糖プランターや奴隷，北アメリカ大西洋岸北部のニューイングランド（マサチューセッツ，ニューハムシャー，ロードアイランドなど）のイギリスの宗教的弾圧から逃れてきたピューリタン（清教徒），ヴァージニアの煙草プランテーションに関わってきた人びとある。しかし初期の人びとはこの当時の最南部の新天地でまず試みたのはどんな産物が商品として優位かということであった。そのため，まず身近にいたインディアンを介した鹿革交易，海岸平野に豊富にあった船材としてのイトスギ類の輸出であった。そのほか，農園に住む白人の監督者や黒人奴隷などは日常の食料としてトウモロコシや野菜などを栽培したが，小麦は湿地の過湿な土地条件から適さず，現地の食料に適応せざるを得なかった。アフリカからの黒人にとっては，粘性のあるタロ，ヤム，サツマイモなどのイモ類が好まれた。

　白人プランターは，ふだんはチャールストン市街に居を構えて，貿易・金融にかかわる業務などにかかわっていた。そこに米というこの地域を決定づける産物が導入される。しかしこの重量のある穀物を港から移出するためには河川舟運が必須となった。換言すれば，生産地として良好な場所でも，プランテーションとしては成立し得なかった。のちには鉄道がチャールストンを起点に内陸部や沿岸部を結ぶことによって，産地が初めて拡大していった。途中に一部馬など利用した陸路を利用するに

しても，最終的には船や鉄道を利用することになる。

　しかし内陸部で綿栽培が広がる19世紀以降は，この積出港としてもチャールストンが貢献する。しかし，綿作プランテーションの産地がしだいに西南部への移行するにしたがい，その労働者も移動していき，内陸部を縦断する鉄道や道路によって，海岸平野との結びつきは相対的に弱くなっていった。また白人の自営農民，その多くはアイルランド人やウェールズ，スコットランドなどで食い詰めた貧しい人びと，ドイツからの農民出身の移住者はピードモント台地で農業経営規模を拡大していった。

　一方，米のプランテーションも南北戦争以降はすっかり衰退し，ジョージアからさらにルイジアナ，アーカンソー，ミシシッピ州などの分水嶺を越えて西南部へ広がる。さらには，テキサス州などのメキシコ湾岸平野へも拡大していく。これらは，いずれもプレーリーの南部で台頭してきたのが大型機械を用いた白人自作農民による労働節約的な大規模稲作である。この「ホワイトライス」体系が現在の米の主要生産地を形成している。

　奴隷の移入，米の積み出しで賑わったサウスカロライナのアシュレー川河口の国内有数の港湾都市チャールストンは，現在，コロニアルな表象を残したコンパクトな都市として，多くの観光客を集めている。黒人奴隷の歴史，売買，生活などの表象（例えば奴隷博物館）とプランターのイギリス本国のジェントルマン的な生活様式，マナー，社会慣習，港湾や鉄道，市場，公共建築物や文化施設などが保持されている。

　チャールストンの歴史地区の保全活動はこれまでずっと市民が主体であり，その歴史は20世紀初頭にまで遡る。もはやプランテーション農業によるその富の集積は過去のものとなり，海軍の駐屯する港湾が町の経済を支えていた時期である。1902年の旧火薬弾薬庫を市民組織が買収したのがその始まりで，1913年には旧取引所の買収も進めている。1920年には歴史建築物保全のための最初の市民組織「歴史ある建物を保全する会」が設立され，現在の「チャールストン保全協会」として継承されて

いる。全米でも最も古い市民による歴史保全関係の組織である。1931年には歴史的重要建築物やその街並みを保全することを目的とした全米都市で最初の「歴史地区の保全条例」が制定される（服部圭郎 2007）。

　郊外化によって中心市街地が衰退するのは日本もアメリカ同じである。チャールストンはチャールストンプレイスという商業施設のコンプレックスを建設し，ずっと放棄されていたかつての埠頭地区にウォーターフロント・パークの創出して市民の憩いの場所とした。さらに歴史地区の外に，旧鉄道駅敷地を細長い敷地を利用した観光客用ビジターセンターを整備し，隣接して広大な駐車場をつくって狭い歴史地区への車の乗り入れを禁止，個々を拠点に馬車やバスによる市街地をめぐる拠点としている。卓越した市長の手腕によるところも大きいが，観光を核としたまちづくりの中小都市のアメリカ合衆国での成功例となっている。

3-3　ミシシッピデルタとニューオーリンズ

　最後にメキシコ湾岸の海岸平野でのウェットランド歴史地誌の事例として，ミシシッピデルタ河口，ルイジアナ州南東部にある港湾都市ニューオーリンズ[9]（英語：New Orleans，仏語：La Nouvelle-Orléans）とその周辺の湿地をとりあげる。

　ニューオーリンズは，東部13州とは異なり，メキシコ湾を介してカリブ海や中南米につながるため，最北のカリブ海の都市ともいわれる。カリブ海からの黒人や自由有色人に加えて，カナダのノヴァスコシア地方[10]などからのフランス系カトリック，ドイツ人，イタリア人（とりわけシ

---

[9]　現在の市域は907 km^{2}で，人口383,997人（2020年現在）の中規模の都市である。ニューオーリンズ大都市圏人口（MSA）は1,271,845人と，米国で第46位の規模の大都市圏である。人口密度は423人/km^{2}で，アメリカの都市としては低い。市域が広い割に宅地化していない湿地が多いことが起因している。

[10]　ノヴァスコシアはカナダの沿海諸州のひとつ，ラテン語で新しいスコットランドの意味である。ヨーロッパ人がカナダでは最も早く入植したところである。

チリア），ギリシャ人，ユダヤ人，アイルランド人など南欧系の移民が市内に混在し，中国人やベトナム人などアジア系の人びとも後には入り交じって，クレオール文化のるつぼといえる様相を呈してきた。異色の建築様式が各所にみられること，クレオールを反映した独特の食べ物[11]やマルディグラ（Mardi Gras）はニューオーリンズの世界的に著名なカトリックのカーニバル，謝肉祭である。さらに黒人によるジャズ発祥の地としての魅力が重なり，米国内ではたいへん人気のある観光地となっている。

3-3-a　ミシシッピ川の開発と水運

　ミシシッピ川は，ミネソタ州のイタスカ（Itasca）湖を源として，アメリカ中央大平原を北から南に貫流してメキシコ湾に注ぐ長さ3765 km，流域面積は世界第4位[12]の大河である。ただし，支流のミズーリ川，オハイオ川に比べて，本流は流長も流域面積も本流の方が短い。流域はアメリカ合衆国31州，カナダ2州にまたがり，国土の3分の1を占める。支流のミズーリ川はロッキー山脈の乾燥地帯が源流で，オハイオ川はアパラチア山脈に発する。ミズーリ州セントルイス付近で本流とこの2大支流が合流し，ここから大きな川幅をとなって中央平原をメキシコ湾へ南下する。

　本流の上流は氷河作用を受けた湖沼地域であるが，中流でミズーリ川，

11）ジャンバラヤ（jambalaya）は肉（豚やうさぎ）・エビなどと野菜をいれた炊き込み御飯で，ルイジアナがスペイン領であったことからパエリアに起源をもつ。ガンボ（gumbo）はケイジャン文化に起源をもつ魚介類や鶏のシチューである。フランス料理のブイヤベースがその基礎にあり，アフリカ起源のオクラ（ガンボ）やスペインが持ち込んだピーマン，トマト，タマネギ，インディアンが用いていたフィレ・パウダー（ササフラスの葉の乾燥した粉末）などがクレオール文化の代表である。エイブリー島には地元の岩塩とトウガラシ，ビネガーによるチリペッパーソースを製造し，世界にタバスコの商標で輸出している。現地ではこのほかにもじつに多く類似の調味料が販売されている。

12）『理科年表』ではナイル川（6695 km），アマゾン川（6516 km），長江（6380 km）に次ぐ長さである。しかし，流域面積では，アマゾン川，コンゴ川，ナイル川につぐ世界第4位である。

オハイオ川が流入すると，多量の土砂を含む濁流となって，広大な氾濫原を蛇行する。広大な湿地，河跡湖，旧河道がみられ，それが下流まで連続し膨大な土砂を河口に堆積した。下流のアーカンソー州，ミシシッピ州，ルイジアナ州では普段は幅1.6 kmの川が雨の多い時期には80 kmまで拡大する（ラッシュ 2021: 40）。デルタは過去150年に130 km^{2}も広がった。ミシシッピ川の平均流量は毎秒約1万6000トン，高水期にはこの3倍，渇水期には10分の1となる。肥沃な風積土のプレーリーや沖積土壌が広く分布し，流域は小麦，トウモロコシ，綿花，サトウキビ，米の一大農業地帯である（『日本大百科全書』の「ミシシッピ川」の項）。

　ミシシッピ川は北アメリカ探検・開拓のメインルートでもあった。白人で最初にミシシッピ川に到達したのはスペイン人のコンキスタドールであるエルナンド・デ・ソト（Hernando de Soto: 1497-1542）である。彼はメキシコ湾からミシシッピ川下流域を1541年に探検した。その後は白人による探検はなかったが，セントローレンス川から五大湖を経由した北から南進するルートをフランスが徐々に押さえていく。なかでも1682年に初めてミシシッピ河口に達したラサール（Sieur de La Salle: 1643-1687）が有名で，彼はその流域一帯をルイジアナと命名し，フランス領とすることを宣言した。

　高低差の少ないミシシッピ川流域の可航水路は本・支流をあわせ約2.5万kmに達し，水運によって流域の開発が進んだといって過言でない。その全盛期は1840年代である。南北戦争以降，鉄道の敷設が中央平原で進んでいくと，しだいに水運はしだいに衰退していった。

　日本ではマーク・トウェイン（Mark Twain）は，『トム・ソーヤーの冒険』（1876）や『ハックルベリー・フィンの冒険』（1885）の少年小説で知られているが，アメリカの19世紀リアリズム文学を代表する作家でもある。22歳で少年時代からの夢であったミシシッピ川蒸気船の水先案内人となって，蒸気船内の人間観察から人間を見る眼を養っていった。筆名のトウェインは，蒸気船が座礁せず安全に通航できる限界の浅さ水

深「二尋」（約 3 m）に由来する。

そのエッセー『ミシシッピ川の生活』（*Life on the Mississippi*, 1874）
は「ミシシッピ川流域はアメリカの身体（body）である」で始まる。こ
のミシシッピ川に最初の蒸気船「ニューオーリンズ」号が就航したのは
1811 年である。アメリカの実用蒸気船を開発したフルトン（Robert
Fulton: 1765-1815）は外交官・弁護士のリヴィングストン（Robert R.
Livingston）と組んで，ペンシルベニア州のピッツバーグ[13]からニュー
オーリンズまでを蒸気船で下る試みをした。セントルイスでミシシッピ
川に合流し，ルジアナ州の河港ナチェス（Natchez）を経由して 1812 年
1 月 12 日にニューオーリンズ港に着岸した。市内では大変な賑わいであ
ったと新聞は伝える（Samuel 1955: 24-31）。以後，ナチェス・ニュー
オーリンズ間の蒸気船の航路は物資輸送のドル箱となる。ここでの含意
は，ニューオーリンズが当時は海港ではなく，内陸水運が中心の河港で
あったことである。

図 8 は Bernard and Leblanc のデルタの地形分類図を貝塚爽平が簡略
化したものに（貝塚爽平編 1985: 56-57），筆者が Russel/Fisk and Kolb/
Van Lopiok らの炭素同位体による年代の成果をもとに，直近に形成され
た 2 つの古デルタのおよその範囲をリチャードの編集図から描き，主要
地名を加筆したものである。現在のミシシッピ三角州の本流流路（伸長
川）の先端は，流量，流送土砂ともに多く，海面勾配がきわめて緩やかで
沿岸流も弱いため，鳥趾状三角州を形成する（鈴木隆介 1998: 340-341）。

ニューオーリンズよりさらに下流では，本流が 3 本に分かれる。その
うちの南の水路が外洋船の航路となっているが，土砂の堆積で常に浚渫
を必要とし，座礁も多かった。その意味では，できるだけ航路をショー
トカットしてメキシコ湾に出ることが，ニューオーリンズの課題であった。

100 km に本流のポートサルファー（Port Sulphur）付近が 1100 年前

13）ピッツバーグはアパラチア山脈西麓，オハイオ川上流の製鉄で栄えた都市で，河港と
　　しては西部開拓の物資供給地であった。

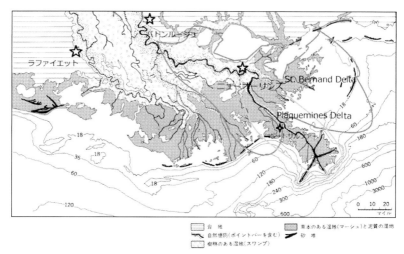

台 地		草木のある湿地（マーシュ）と起潮の湿地
自然堤防（ポイントバーを含む）		砂 堆
樹林のある湿地（スワンプ）		

図8　ミシシッピデルタの地形分類と流路の変遷

から現在までのプラケミ三角州（Plaquemines Delta）である。顕著な鳥趾状デルタをその流末に形成する。図8のセント・ベルナード三角州（St. Bernard Delta）は，4300〜1000年前までの古デルタで，ニューオーリンズの地形の原型はこの時期に作られた。さらに本流の西にはラフォルシェ川（Bayou Lafourche）の緩慢な流路がメキシコ湾に南下する。この地域は3500年〜100年前に形成されたデルタで，1904年にこの川が封鎖されて，川上からの土砂が堆積しなくなった不活発デルタである。もともとはミシシッピ川の本流で，ラフォルシェ（Lafourche）三角州を形成していた。

3-3-b　バイユーとケイジャン文化

　バイユー（bayou）はミシシッピ川下流の緩流，沼地，沼沢地を意味する。アメリカインディアンのチョクトー族の「ゆっくり流れる小さな川」という *bayuk* に由来し，流れのほとんどないマングローブ地帯である。本流の現河道への移動とともに，小さな川になったものが多いが，

図9　ミシシッピ川鳥趾状デルタの塩性湿地の植生
（2014 年 9 月筆者撮影）

無数の編み目のような水路網を形成する。図8では，マーシュ（marsh:
草本湿地）とスワンプ（swamp: 樹木湿地）を明瞭に区別している。汽
水性のマーシュには自然堤防やポイントバーが本流を除いてほとんどみ
られない（図9）。一方，スワンプにはラフォルシェ川を含めて顕著な分
布をみる。ここは海水が遡上しない淡水性の湿地や氾濫原（floodplain）
域となっている。

　ラファイエットが立地する西部は台地地域となっている。これらは次
の3地形区に分かれる（Campbell, 2008: 52-53）。1)切り立った台地
（Bufflands），2)プレーリー（Prairies），3)低地森林地帯（Flatwoods）。
いずれも氷河期時代の旧ミシシッピ川の旧氾濫原で，自然堤防や旧河道
がみられる。これと同じ起源の地形が，本流右岸，州都バトンルージュ
（Baton Rouge）が立地する台地上にも広がる。そのうち1)は氷河起源
の風積土レス（loess）がその上を覆っており，肥沃であるが，細かいシ
ルト質土壌は侵食にもろく，崖となっている。州の花であるモクレン

（magnolia）やハナミズキ（dogwood），トネリコ（ash），オーク（oak）
が生育する。2)は1)よりも平坦で，乾草用のウシクサ（bluestem grass），
スゲ類（sedge），スイッチグラス（switch grass）などの草本類が卓越
するが，木本は少ない。開拓集落の多くがここに立地する。3)は2)より
も排水がよく，松林やカシ，トネリコなどの硬木と，コイチゴツナギ
（wiregrass）などの牧草やシュロ（palmette）が混在する。

　ルイジアナ州南部に移住したカナダ系フランス人（アカディア人）の
居住地は，バイユー・ラフォーシェとバイユー・デ・スコール付近で，
いずれも河川沿いの自然堤防の高みに居住した。バイユーはケイジャン
文化と密接な関係をもつ。ここは東遷していくミシシッピ川の旧本流が
形成した古デルタである。現在は川上からの水の供給もほとんどなく，
死滅した海成デルタの上部となっている。メキシコ湾岸のバイユー地域
は，沿岸内陸水路（Intracoastal Waterway，ICW）が貫いている。ル
イジアナ州域ではバイユー・ラフォルシェ，バイユー・カントリーと呼
ばれ，アカディア人の最初の入植地となった。以前はミシシッピ川の支
流であったが，1905年に堰き止められ，新鮮な水が供給されなくなり，
湿地の水産資源も減少し，塩性湿地化が急激に進行している。この防止
のため，堰の廃止，浚渫，塩水防止樋門の設置，ポンプでの淡水導入が
近年始まり，バイユーの復活を目指している。

　ニューオーリンズを中心に，テキサス州ヒューストンからアラバマ州
モービルまでのメキシコ湾に接する地域一帯は，ケイジャン（フランス
語を話すアカディア人）とクレオール（フランス人とアフリカ人，イン
ディアンの混血）の文化に深く関連している。

　彼らのルーツはカナダの沿海州，特にノヴァスコシア州からのアカデ
ィア人の亡命者の末裔で，旧地ではカトリックを信奉する民族島を形成
していた。1755年，英仏戦争フレンチ・イギリスの間の戦争により逃亡
した農民や漁民で，プロテスタントの福音派が多い南部では，例外的に
独自の生活スタイルを保持している。当該集団と土地との結びつきを重

視するエスニックホームランド（homeland）の好例とされる（Jordan 1989）。

　ニューオーリンズから南へ100 kmいったテレボーン教区（Terrebonne Parish）のジャン・チャールズ島（Ile de Jean Charles）は，島自体が消滅の危機にある。現在，環境難民として全島民の移住が考えられている。この地域は，ビロキシー族，チョクトー族などの先住民が，セミノール戦争などによって，もとの居住地を追われ南下して最終的にたどり着いた安住の地であった。ここでエビ，カキ（牡蠣），魚や農業で自給的な生活を送っていた。アカディア人と先住民はこの地で生き延びるすべを共有し，両者は混血，ハイブリッド化していった。しかし20世紀初頭に始まるテキサスの石油採掘ブームがルイジアナ州にも波及すると，沿岸湿地にも多くの掘削油井が立地し，先住民も賃労働者化していった。

　長靴の形をしたルイジアナ州はもはや今はない。「かつて長靴の底となっていた湿地帯は，今はぼろぼろに破れ，擦り切れている。ゴム底というよりもメッシュのようだ。そして50年後にはすっかりなくなっている可能性が高い。米国地質調査所によると，ルイジアナは1932年から2000年の間に4,920平方キロメートル近くを失ったそうだ。それはデラウェア州の面積とほぼ同じくらいである。」（ラッシュ 2021: 19）。いかに地球温暖化による海面上昇，油田掘削，地盤沈下によって海岸侵食がはげしかったかを物語る。

3-3-c　フレンチクォーターの建設と発展

　フランス時代のニューオーリンズ（La Nouvelle-Orléans）は，1718年，モントリオール生まれのフランス系カナダ人であるビーンビル（Jean Baptiste Le Moyne Sieur de Bienville: 1687-1767）によって建設された。植民官ジャン＝バティスト・ル・モワン・ド・ビアンヴィル（Jean-Baptiste Le Moyne de Bienville）の指導の下での開発であった。当時フランス王国の摂政であったオルレアン公フィリップ2世（Philippe II,

Duke of Orléans）にちなんで名付けられた。ニューオーリンズはほとんど人の手が入らない未開の大湿地をなすミシシッピ川デルタ本流の蛇行部分，左岸の自然堤防上に建設された。

デルタに自生するイトスギが初期の輸出品であったが，フランス・スペイン領時代（1699-1803）には周辺のプランテーションで生産される米と砂糖が主要商品となった。

しかし，フランスは財政難からこのルイジアナ植民地を放棄する。直接には，フレンチ＝インディアン戦争（1755-63）の敗北の結果，1763年のパリ条約で，ミシシッピ川以西をスペインに，以東をイギリスに譲渡した。ただし，ミシシッピ川河口の海岸部はスペイン領になったため，ニューオーリンズもフランス領からスペイン領に編入された（Garvey and Mary 2001）。

その後，紆余曲折はあるが，1803年に，東西ルイジアナの地全体がアメリカ合衆国領となり，ニューオーリンズもアメリカ領となった。その売却価格は1500万ドルで，1 km^{2}あたりわずか約14セントという破格の安値であった。

ニューオーリンズは河港ではあるが，港湾区分では海港（seaport）に分類される。海港とは，型船の就航を前提とした海洋と直接結ばれた港で，海岸にあるか内陸にあるかは問わない概念である（山口平四郎 1980: 3）[14]。

位置は北緯30度，西経90度で，中国の寧波，エジプトのカイロとほぼ同緯度である。ケッペンの気候区では湿潤温暖気候（Cfa）に分類さ

14）『オックスフォード米語辞典』では"a town or city with a harbor for seagoing ships"と記載されており，交通地理学的な概念である，一方，harbor は自然の地形を利用して，船舶の安全な停泊ができるための自然地理学的な海岸の港の概念で，人工の防波堤，錨泊地，艀溜などを含む場合がある。これが内陸水路（河川・運河・湖）にも転化しても用いられる。その意味では，ニューオーリンズはひじょうに広大な後背地をもった海港である。このような大河川の海港としては，セントルイス，マナウス，武漢などがある。

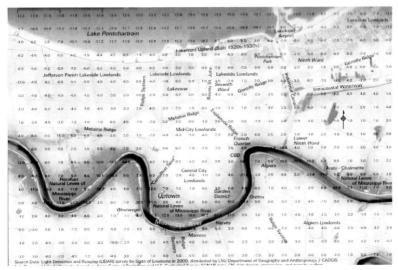

図10　ニューオーリンズ主要部の地盤高分布
（Campanella 2006，単位はフィート）

れるが，熱帯との移行帯にあたり，冬は温暖，夏は高温で湿気が強い[15]。
標高はデルタ河口のため自然堤防部を除いて微高地はなく，海抜が0 m
以下の後背湿地もひろく広がる。

　図10は地盤高をフィート（1 feet = 0.3 m）で示したものである。最
初のまちづくりが行なわれた蛇行の攻撃斜面に位置するフレンチクォー
ター（French Quarter）で9フィート（約3 m）あり，河床とのあい
だは蛇行崖（meander scrap）となっている。高層建築やオフィスビル
がならぶCBDやGarden Districtは3〜6フィートで（1〜2 m）に過
ぎない。これらがダウンタウンと呼ばれている。

　アップタウン（Uptown）はポイントバー（蛇行州）の部分にあたり，

15）ニューオーリンズの8月の平均最高気温は32.9℃，湿度は79.4％で，不快指数87.5
　　で，暑くてたまらない最高レベルである。周辺は広大な湿地がひろがり，市のは水面面
　　積比率は48％におよぶ。

フレンチクォーターよりもやや地盤高は高い。その背後は後背湿地（back swamp）となっていて，海抜は0m以下のCentral City，Mid-City地区などが20世紀に発達した。ここは中・下層の住宅地となっている以下で，マイナス2〜6mと低平かつ低湿である。

図10の中央に東西に延びる線条微高地であるMetairie RidgeとGentilly Ridgeは旧ミシシッピ川（セントベルナードデルタ）の自然堤防と推定される。その北はポンチャートレイン湖畔（Lake Pontchartrain）の低い砂州のあいだの凹状低地（Lakeside地区）はいずれもマイナス5〜7フィート（マイナス3m前後）である。整然とした方格の宅地分譲地で，もっぱら白人の中間層の居住地となっている。最も低平なのが，東ニューオーリンズといわれる工業運河以東の地である。もっぱら黒人やベトナム人地区の戸建て居住区となっている。

このように，ニューオーリンズは狭い自然堤防が唯一の高みであるため，人口増加による市街地拡大は必然的に，北方，湖畔にむかわざるを得ない。米やサトウキビプランテーションの多くは蛇行河川にほぼ直角に後背湿地に向かうように短冊状に区割されるが，この原理は町の行政区（wardに相当）の形態や境界にも応用されている。

高潮やハリケーンから比較的安全と考えられたミシシッピ川左岸の自然堤防上の河川が三日月形に湾曲する自然堤防の微高地上に最初の市街地が建設された（Garvey and Mary 2014）。1722年には仏領ルイジアナの首都となるが，人口わずか500人の住民が樹枝や葦などを用いた粗末な家に住んでいた（藤岡ひろ子 1987: 30）。ポンチャートレイン湖との間には，セントジョーンズ川をインディアンがすでに交易路として利用してきたことも選定の大きな要因であった（中川正 2018: 1028）。この交易によって当時は都市経済が維持されていた。

ミシシッピ以東は1763年のパリ条約でイギリス領となったのち，1783年のパリ条約でアメリカ合衆国領となる。一方，ミシシッピ以西は1763年のパリ条約でスペイン領となってから1800年に密約でナポレオンのフ

ランスに返還し，1803 年にアメリカが買収した。その売却価格は 1500 万ドルで，1 km² あたりわずか約 14 セントという破格の安値であった。

ナポレオンがルイジアナを手放したのは，フランス領ハイチ（サン＝ドマング）で独立運動が起きて，カリブ海とニューオーリンズを結ぶ覇権構想が潰えたためである。一方，アメリカ合衆国にとっては，この買収によって，反連邦派のジェファーソンが「自由のための帝国」の建設の夢を膨らませたのである。

1762 年にスペイン帝国にいったん割譲されるが，1780 年にナポレオン皇帝がルイジアナをフランスに返還させた。1800 年にアメリカ合衆国による「ルイジアナ購入」の直前には，再びフランスに譲渡された。そして，1803 年には財政上の必要からアメリカ合衆国に売却する。この混乱の時期，カリブ海のフランス領サン＝ドマング[16]（現・ハイチ）では黒人奴隷による革命が起こり，多くのフランス人やクレオール（フランス人と黒人奴隷の混血）がこの町に流入した。当時の都市人口は約 1 万人であった。

図 11 は 1765 年のニューオーリンズの歴史的核（歴史的核心地）[17]であるフレンチクォーターの都市プランである。ヴォーバン式城塞で，二重

16) 当時（18 世紀末）のサン＝ドマング（現ハイチ）は世界最大の砂糖産地であり，黒人奴隷を使用した砂糖プランテーションが行なわれていた。イギリスがバルバドス（1640 ～ 1690），ジャマイカ（1690 ～ 1720）で砂糖産地を確立したのをみて，フランスは，サン・ドマングのほか，マルティニーク，グアダルーペ，ギアナで一気に生産を拡大した。なおハイチの歴史地理的背景については野間（2021b: 14）参照のこと。なお現在クレオール語が公用語となっているのは，旧フランス領のカリブ海植民地であり狭義のクレオールは，旧フランス領での概念といえよう。

17) 歴史地理学者の藤岡謙二郎が頻繁に用いた用語（藤岡 1977）で，英語の historical core が訳語として充てられる。『地理学用語事典』では「都市の発展において中心となった歴史的な市街地部分で，景観的・社会的に特徴的なことが多い。都市発展初期などの歴史的建造物も見られ都市の個性を形づくるシンボル的な空間となっている」と定義している（浮田典良編 2003: 283）。藤岡ひろ子は，この概念を神戸や横浜・上海の旧居留地に用いて，それをニューオーリンズまで援用しているのは卓見である（藤岡ひろ子 1991）。ただし，上のような都市が既存の市街地に隣接して特別の区画として設定されたのに対して，ニューオーリンズの場合は未開のデルタのなかに「原核」として建設されたことが異なる。

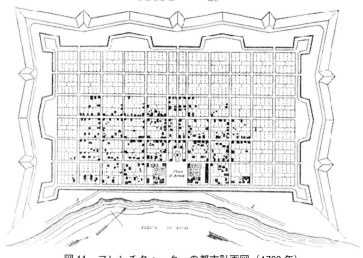

図 11　フレンチクォーターの都市計画図（1763 年）

の稜堡で防御された長方形の囲郭都市である。11 ブロック（当初は 9 ブ
ロック），川側の中央の広場（Palace des Armes）に教会が立地し，隣
接して行政府や牢屋などが設けられた。ここが文字通り，軍のパレード
の場所であり，のちに公共広場となった。現在，観光客が最初に訪れる
のがこの広場で，歴史的建造物がリノベーションされ，賑やかな商店や
ジャズのストリートミュージシャンや路上芸人が集う場所となっている
（図 12）。中央の区画だけは中間にもう 1 本道路が設けられている。地図
でみる限り，周辺には空地が目立ち，なお未完の形態である。宅地ブロ
ックは中間の 5 条の道路に沿って規則的な縦長区画で，側面にも家屋が
みられ，横方向重視のプランではあるが，実際の運用は柔軟にされたと
思われる。

図12　フレンチクォーター広場（Plaza des Arms）
（2014 年 9 月筆者撮影）

　この囲郭都市の防御の対象としたのは，先住民であるインディアンの
襲撃のほか，イギリス，スペインなども含まれる。この都市の経営が，
フランス王室から委託された開発企業によって行なわれたことは重要で
ある。ジョン・ロー（John Law）[18] は政府に償還義務のある国債を，償
還義務の無い株式に交換して大量の紙幣を印刷して株式配当の支払いに
充てた。

---

18) John Law de Lauriston（1671-1729）はスコットランド出身の経済思想家，実業家
で，フランスの財政を指導した財政家である。真手形主義や稀少価値論を提唱し，後年
にはコルベールやテュルゴーらが就いた財務総監に就任する。ローはフランス領ルイジ
アナのミシシッピ開発の成功を担保とした不換紙幣の発行によって開発しようとした
（ミシシッピ計画）。1717 年には「西方会社」（West Company）設立東インド会社や中
国会社など諸会社を統合継承し，フランスの海外貿易特権を一手に握る「インド会社」，
通称「ミシシッピ会社」に改組し，ローが総裁に就任する。しかし宣伝文句とは裏腹
に，開発は遅々として進まず，投機目的で参画した人々は，政府に償還義務のある国債
を，償還義務の無い株式に交換した。そのため政府は大量の紙幣を印刷して株式配当支
払いに充てたため，混乱を招いた。このミシシッピ計画はフランス王室を巨額の債務か
ら解放したが，1720 年 5 月に取り付け騒ぎでミシシッピ会社株は暴落し計画は頓挫し
た。ベネチアに逃れて客死した。

1788 年と 1794 年の大火で建物の 8 割が灰燼に帰したので，現在，残存する建築のほぼすべてが 1790 年代後半以降，スペイン様式による耐火性を重視したタイルの平屋根の建造物が中心となっている。フランス様式の尖った屋根はタイルの平らな屋根になり，耐火のために木造壁は禁止され，色とりどりに塗られた漆喰となった。後に精巧な鉄細工のバルコニー（屋根なし），ベランダ（屋根がある）で飾られた。図 12 の写真では精緻な意匠を施した鉄製バルコニーがみられる。

　この地区を中心に，1960 年代にルイジアナ歴史建造物協会（Louisiana Landmarks Society）が Vieux Carré Survey[19] として一軒一軒の建物の台帳を作成した。関連文書や地図類（火災保険地図も含む）や建物様式とその構造，建築年代，保存の重要性などが記載されたサマリーもある膨大な資料である。カンパネーラはこのデータを，GIS を用いて「建築地理学」と命名して分析している（Campanella 2006: 99-167）。

　図 13 はそこから引用した地区内に現存する 1750 〜 2000 年の 250 年間にわたる（60 年代以降の補充調査も含めて）現存する建造物の建築年代別出現頻度である。この図から読み取れることは，1830 年代をピークにクレオールスタイルが都市建設初期から優勢であったが，40 年代にはアメリカンスタイルに置き換わっている点である。このアメリカンスタイルは，19 世紀前半に欧米，とりわけ米国で優勢になった建築運動である。大理石を用いた重厚な特にギリシャ神殿のスタイルを追求したものであるが，そのミニチュア版がニューオーリンズでも 1840 年代半ばにピークを迎える。クレオールスタイルとは当時のフランスのコロニアルスタイルであり，それがアメリカ編入によって大きく建築景観でも激変した。その凝縮をこの図が雄弁に示している。

　1840 年のニューオーリンズの人口は 102,193 人で，うち白人 53,519 人，黒人奴隷 23,448 人，自由有色人 19,226 人である（Campanella 2006:

19）現在でもフレンチクォーターをフランス語で“古い方形”を意味するヴィユ・カレが
　　用いられている。また単にクォーターとも呼称される。

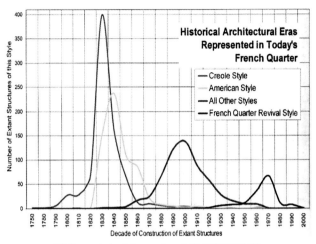

図13　フレンチクォーターの様式別建築年代
（Campanella 2006）

12）。ニューヨーク，ボルチモア（メリーランド州）に次ぐ国内第3位
の人口数を誇り，フィラデルフィアやボストンよりも多かった。

　南北戦争後，20世紀の転換点には「他のスタイル」が優勢になる。具
体的にはイタリア様式とヴィクトリア様式が中心であった。

　ニューオーリンズ起源の庶民の建築様式とされるのがショットガンハ
ウス（shotgun house）である。ドアを開けて玄関を入ると，すぐにす
ぐに3〜5室が一列に配される平面構成とで廊下やホールを有しない。
通気性を重視し，湿度が高く浸水の恐れの高いニューオーリンズでは基
壇を設けて階段で出入りする形式が多い。フレンチクォーターでは1870
年代に始まり，ピークが90年代である。1910年代の建築も多い。本来
は中間層の建築様式であったが，しだいに貧困層の家屋型とみなされる
ようになった。ニューオーリンズでは東部のほぼ黒人のみが居住する地
区は現在もこの様式が卓越する（図14）。この写真では，入口が2つあ
る1棟2戸の形式である。湿気や浸水を防ぐため土盛をしているため，
階段で入ることになる。

図14　Gentilly 地区のショットガンハウス
（2014 年 9 月筆者撮影）

3-3-d　アメリカ合衆国時代のニューオーリンズ

　19 世紀前半のニューオーリンズ港は，ルイジアナ植民地の輸出産品の
貯蔵庫（depot）から，アメリカ合衆国の有力な貿易港へと大きく成長
した。1800 年には人口 8,000 人 1,000 世帯であったが，1810 年には人口
17,244 人（白人 6,316 人，黒人 5,691 人，自由有色人 4,950 人），1840
年には，102,193 人（白人 53,519 人，黒人奴隷 23,448 人，自由有色人
19,226 人），1850 年には 119,460 人（白人 91,431 人，黒人奴隷 18,068 人，
自由有色人 9,961 人）と 10 倍以上に増大した（Campanella 2006: 5-29）。

　1840 年代には国内第 2 位（第 1 位はニューヨーク），世界第 4 位の大
貿易港に成長する。1812 年にミシシッピ川に蒸気船が導入されるまでに
も，平底船（flatboat）が流域全域から農産物を東海岸の諸州や，ヨー
ロッパ，ラテンアメリカの諸港に出荷されていた。そのおもな輸入品は
バナナなどの熱帯産のフルーツとコーヒーである。キューバ，ジャマイ
カや中米からが主で，アメリカ南部・東部のコーヒー飲用文化の窓口が
ニューオーリンズであった。1840 年代までにニューヨークに次ぐ米国で
2 番目に大きなコーヒーの輸入港になった。1802 年には 1,438 袋のコー

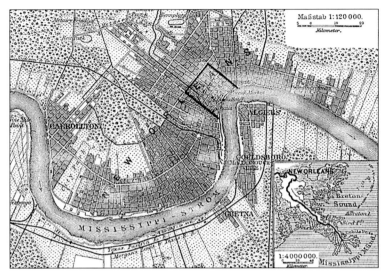

図15　1888年のニューオーリンズ市街地地図
（黒枠がフレンチクォーターの部分）

ヒーが届いたにすぎなかったのに，1857年には530,000袋以上のコーヒ
ーが到着した。19世紀末から1970年頃まで，数十のコーヒー輸入業者
がニューオーリンズ地域で操業し，全国のコーヒー焙煎業者にサービス
を提供していた（ルイジアナ州立博物館ウェッブサイト）。その多くがフ
レンチクォーターの西に隣接したマガジン・ストリート（倉庫通り）に
立地していた。図15の鉄道駅の終点から西にのびる湾曲部がこの時代の
港湾機能の中枢部である。現在では住宅と商業用の建物が混在しており，
19世紀後半の古い家屋と，アンティークショップ，衣料品店，レストラ
ン，バーなどからなる古い商業地区を形成している。
　一方，主要輸出品は南部の比較的乾燥した台地で栽培される綿花であ
る。これらはミシシッピ川の支流も含めた広大な内陸水運ネットワーク
によって実現したものである。ただ，1870年代になると，後背地である
ミシシッピ川左岸，オハイオ川流域とアメリカ東部がアパラチア山脈越
の鉄道網の開通によって結ばれると，ニューオーリンズの相対的な地位

はしだいに低下していった。

　南北戦争と「再建の時代」(1865-1877) は，ニューオーリンズにとっ
ては受難の時代であった。戦争によって多くの戦費を使ったため，ドッ
クの修理や倉庫，埠頭の建設に支障をきたすようになった。そのため，
市はリバーフロントの一部を私有企業に貸し出した。しかし短期的利益
を重視する私有企業の施設は高額の入港料とあいまって，貿易が相対的
に衰退していった。19世紀を通じて膨大な数の荷役労働者がウォーター
フロントで働いていたが，20世紀初頭には機械式コンベアとトラックが
普及することで，ドックで働く労働者数が大幅に削減したことも停滞を
招いた要因である。

　もうひとつ，この都市は亜熱帯の港湾として大きな問題を抱えていた。
この湿地の港湾都市は，20世紀になっても黄熱病の脅威から逃れられな
いでいた。この病気が蔓延すると，何ヶ月も港が閉鎖されるため，その
都度，輸入業者は貨物を別の港へ転送しなければならなかった。

　1900年にはニューオーリンズの人口は287,104人（うち黒人77,741
人，27%），シカゴなど中西部の工業都市の発達もあって，全米での地位
は15位まで低下した。1910年には339,075人（うち黒人89,262人，26
%）とその伸びは緩やかになった（図16）。その都市の拡大は自然堤防
を越えて北方背後の後背湿地への方向であった（図15）。

　20世紀のニューオーリンズの都市拡大の方向は湿地の開発である。排
水機によって過剰な水をくみ出して宅地としていった。また，道路や橋
の建設も郊外への拡張を容易にした一因である。ここにミドルクラスの
住宅地が建設された。そして，60〜70年代のポンチャートレイン湖へ
つながる工業運河より東の地域が黒人，アジア系の人びとの住宅地として
て拡大していった。

3-3-e　ハリケーン・カトリーナ以後

　2005年8月29日に，フロリダ半島からメキシコ湾を西に進んだのち

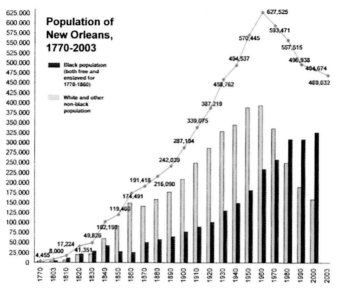

図16　ニューオーリンズの白人・黒人別人口推移（1770〜2003年）
（Campanella 2006，黒色バーが黒人人口，灰色バーが白人・非黒人人口
を示す。折れ線は合計人口。）

　ニューオーリンズ市を直撃したハリケーン「カトリーナ」は，最大風速
が毎秒70 m超「カテゴリー5」の過去最大級の勢力であった。95％の
市民が避難し，市長はスーパードームを移動困難な2.6万人のために避
難場所に指定して，食料・水を供給した。市域の8割が水没，メキシコ
湾沿岸に集中する石油関連施設やパイプラインなども大きな被害を受け
た。死者1,836人（うちニューオーリンズが1,577人），被害額は1,250
億ドル（約14兆7,000億円）に達した（国連国際防災戦略ISDRが2006
年1月30日に発表）。このような大きな被害を出した要因として，数十
年前に米陸軍工兵隊（USACE）が建設した洪水調節システムの故障の
原因であると結論づけ，人災の要素がきわめて強いとした。ただし，連
邦裁判所は1928年の洪水調節法で主権免除のため，政府にその責任を問
うことは出来なかった。このような沿岸低地での堤防工事の遅れに加え

て，連邦政府や州政府，ニューオーリンズ市当局間の連携のまずさ，高齢者や市人口の多数を占める黒人低所得者層の避難体制の不十分さ（自家用車の非所有，連絡道路の閉鎖）などによって被害を拡大した。いわば，貧困，エスニシティ，ガバナンスが複雑に絡んだ人災という側面を多分にもっていることが，世界中からも注目された。

　ミシシッピ川・メキシコ湾連絡運河（Mississippi River-Gulf Outlet Canal: MRGO）は，大西洋とメキシコ湾の沿岸地域をつなぐ内陸沿岸水路（ICW）に接続する運河として，1965 年に米国陸軍工兵隊が連邦の決定を受けて建設した 122 km の内陸水路である。ニューオーリンズがヒューストンに比べてメキシコ湾岸で港湾立地上の不利から発展の遅れが目立ってきたのを奪回する目的もあった。この水路の完成で，ニューオーリンズ港はミシシッピ川沿いの埠頭の多くを放棄し，その活動を工業用運河，内陸沿岸水路，MRGO が結合したインナーハーバーに移転する計画であった。今回，破堤した水路の多くは，この工業運河沿いに集中した。80 年代後半に資金不足のため，このニューオーリンズの新港湾計画（Centroport USA）を中断していた。ハリケーン・カトリーナの襲来によるニューオーリンズ市内の被害を，その放棄地で塩水遡上，高潮の増幅などによって助長させた面も指摘された。そのため，現在，ゲートは閉鎖され，ハーバーとしての役割を果たしていない。

　歴史家モリスは，環境史の立場から，自著の"The Big Muddy"で，ミシシッピ川下流域がいかに巨大で大量の土砂で満ち満ちていたかを過去 500 年間の環境史で詳述し，以下のような 2 つの流域（valley）を峻別した（Morris 2012: 1）。

　　ミシシッピ川は「湿った流域」と「乾いた流域」の 2 つがある。河川氾濫と土砂の堆積で「湿った流域」が生まれ，人間が排水して硬化した土塊（つちくれ）を再び泥状態にすることで「乾いた流域」を作り上げてきた。

　「乾いた流域」は綿花やサトウキビ栽培が行なわれ，湿地が豊かな畑作農業地域となった。また，ニューオーリンズは人工の防潮堤やポンプ排水のような工学的対応によって「湿った流域」を局地的，集中的に実施することで，海面下の窪地にも人間が居住する都市環境を人工的に創出してきた。しかしそれらの一連の行為が，「病的な景観（pathological landscape）」を生み出してきたとモリスは訴える。農地開発，都市拡大，人工的な滞留する水域が生まれることでマラリアの蔓延を助長した。アメリカ時代には，貿易港としてニューオーリンズが発展するなか，熱帯気候のハバナ（キューバ），ベラクルス（メキシコ），キングストン（ジャマイカ）などからの物資や人の流れが加速されることで，黄熱病が毎年のように市内で流行するようになった。

　1944 年の氾濫制御法は土木工学者に湿地開発の機械力使用を促進することになったし，機械力使用による農業の大規模化は乾いた土地の価値を高めた。しかし，綿やサトウキビの販売価格の低下は，再び乾いた土地を湿った土地にして，米の大規模栽培に向かわしめた。多くの黒人労働力がアメリカ中北部の工業地域（シカゴ，デトロイトなど）に移動していき，労賃が上昇したことで，肥料や農薬の多投による単位面積当たりの収量増加へ舵をきった。

　現在，「湿った流域」では農業に代わって，このような人工的な土地改変をもとに戻そうという動きがみられる。ナマズやザリガニの養殖による農業から養殖への転換である。ここにも大きな問題がある。養殖池への穀物飼料の多投や除草剤や殺虫剤の使用，トラクターによる漁獲など，乾いた流域で行なわれきた所作が，再び湿った流域で再現されている。企業的な養殖を目指しての魚種のモノカルチャー化も，ここでは環境保全の観点からは大きな問題である。

　そこに決定的な打撃を加えたのがハリケーン・カトリーナであった。モリスは著書の第 11 章「自然の再来：ハリケーン・カトリーナとビッグ・マッディの将来」で，これまでの水を征服するという考えは改め，

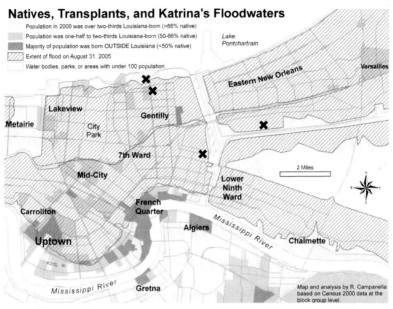

図17 ハリケーン・カトリーナによる浸水範囲と住民の居住歴の関係
（Campanella 2006 より引用，破堤個所（×）を筆者追記）

ニューオーリンズは過剰な水と共生していく運命を受け入れざるを得ないと悲観的である。これまで人口の増加，都市の拡大を本来人間が住むべきでない低湿地にまで拡げていったことの復讐としてとらえている。

2014年に筆者がニューオリンズを訪れた時には，フランス時代にあった高床式の住宅が復活しつつあった。いまだミシシッピ川下流は人間が住むにはあまりにも過酷な条件である。日本のように高台へ避難あるいは，津波を避けての集団移転のような選択が地形条件からはない。しかも地球温暖化の影響であろうか，カトリーナ以降，とりわけここ2010年代以降，異常気象の強大化，常態化して，これまで想定しえないような大規模な水害や高温が世界各地で頻発している。

図17は2000年のセンサス統計区単位でニューオーリンズ生まれの人口比を3段階区分したのち，ハリケーン・カトリーナ襲来の5日後の

2005 年 8 月 30 日現在での浸水範囲を重ね合わせたものである。❶の凡例は，統計区の 3 分の 2 以上（66％以上）がルイジアナ州生まれの地区である。❷は 50％〜 60％，❸は 50％以下である。興味深いのはフレンチクォーターや CBD 地区などダウンタウンはルイジアナ州以外の居住者が多く，ここが浸水をほぼ免れて被害も軽微であるのに対して，破堤した工業運河を挟んで東側の東部ニューオーリンズ，西側のジェンティリ（Gentilly），レイクビュー（Lakeview）地区などは全面水没状態である。これはニューオーリンズ生まれの比率がこれらの地区でもっと高くなると推定される。ローカル文化を保持する人びとが，より脆弱な自然環境の地に住まざるを得ないパラドックスを暗示している。

3-3-f　ヴェルサイユ（Verisailles）── 最周縁のベトナム人難民居住区

　居住者のほとんどが黒人である東部ニューオーリンズのさらに東約 5 km，中心市街地からは約 20 km 離れた，セント・ベルナード（St. Bernard）教区に属する。ニューオーリンズ都市圏の最周縁部にヴェルサイユ地区がある。現在，その人口規模は約 1 万人で，米国最大のベトナム人集住地区となっている。中心市街からは市バス 60 号線の終点なっている。ポンチャートレイン湖の湖岸にも近く，もとは湿地であった。カナダ系フランス人が 1805 年にこの土地を開発して，新たな町をつくりことを夢見て命名したといわれる。その投機的開発が失敗して，長らく沼沢地として放置されていた。1970 年代に一時期，NASA の施設ができたことで人口が増えたが，それが市の西部へ移転したため，ふたたびこの地は放棄地となっていた場所である。

　ここは現在，ほとんどベトナム人難民のみで住区をつくっている特異な地区である。その起源は 1975 年のベトナム戦争終結のあとにサイゴン（現・ホーチミン市）からの共産主義を忌避した政治難民である。しかし彼らのルーツはベトナム北部，ホン川（紅河）デルタの海岸部にある。19 世紀にフランスの植民地支配がトンキンといわれる北部に及んだとき，

図18 東部のヴェルサイユ（Versailles）地区のベトナム人経営の商店
（2014年8月筆者撮影）

カトリック宣教師も布教のため来住した。そのなかで海岸部の農漁村が，布教によってカトリックに改宗した村落が生まれた。彼らの多くが弾圧をうけ，南ベトナムへ移住してサイゴンの郊外に集住した。しかしベトナム統一によって南部でも社会主義的政策が浸透するのをきらい，難民申請をしてアメリカ合衆国への再移住を試みたのである。この仲介をしたのが，アメリカのフランス系のカトリック慈善団体である。

　ベトナム難民は，最初はフロリダにいったん仮定住したが，その後，ベトナムと気候・風土が似ていて，かつ漁業というすぐにとりかかれる就業機会がある場所として，ニューオーリンズ郊外のこの地が選ばれた。

　アメリカでも最大級のベトナム人集住地区（enclave）である。現在の生業は湖沼でのナマズ，ザリガニなどの漁獲と熱帯性の野菜の栽培，小売業などで，図18のショッピングセンターがベトナム人相手の雑貨，食品などを販売している。ディン（廟）も完成し，現在は2世も誕生して活発かつ緊密なコミュニティを形成している。

　ここにもハリケーン・カトリーナは大きな爪痕を残している。多くの

家屋が床下・床上浸水した。最高水位は4.5フィート（1.3 m）にも達した。しかし，黒人居住地区に比べて，その復旧は早く，現在は瀟洒な戸建て家屋で暮らしている。二世と一世との考え方，文化の違いかたの葛藤を描いたドキュメンタリー映画「ヴェルサイユとよばれる村」が製作された。そこに隣接して市の産業廃棄物場が建設されることで，彼らが異議申し立てを市当局にした。

　ニューオーリンズは，湿地の有り余る水を排水ポンプによってくみ出し，そこを住宅地や工業用地としてきたきわめて人工度の高い海港都市である。近年の地球温暖化による巨大水害の脅威にさらされながら，これまでとは違った応答を喫緊に求められている。

4　結語

　最後に，湿潤アジアのデルタにおける都市と比較して，ミシシッピデルタのニューオーリンズの都市立地の含意を示してこの章を閉じたい。湿潤アジアの大デルタは主流の河口付近に大都市を成立させてきた。チャオプラヤ川のバンコク，エイヤワーディー川のヤンゴン，長江の上海などがその典型例であろう。大デルタを形成する河川の本流は水量も多く，川上からの流出土砂も膨大なため，近代港としては何らかの人工的な改造が必要である。河川の護岸工事は必須であるし，防波堤，突堤，埠頭なども必要となる。その用地をどのように確保するかによって，港湾の形態が決まってくる。その港は流域の物資や人の集散地であった。海と結ばれて外世界との交易（貿易）によってその規模が拡大し国際的な性格を帯びてくる。ヤンゴンにしてもバンコクにしても，河口よりマングローブ地帯をぬけた数十キロメートルの内陸に位置する。しかしニューオーリンズは，まさに塩性沼沢地と淡水湿地の境界にあり，永住的な居住には非常に不利な条件であったし，熱帯の伝染病の脅威にもさら

されていた。

　湾岸の油田，天然ガス開発，内陸大運河などの運河ネットワークによって，その不利な条件は解消されたかに見えた。しかも東南アジアのデルタのように，水害の遊水池となる水田化がなされないこの地域は，海岸平野が一気に都市的・工業的土地利用に転換したことのつけも大きい。

　しかし近年の異常気象による水害の増加，湿地の改変におもわぬしっぺ返しをくらってきている。ミシシッピデルタの河口都市ニューオーリンズは，湿地帯での拡張主義的な都市開発に警鐘を鳴らしていることを，ハリケーン・カトリーナは明示的に教えてくれたといえよう。

　アメリカのウェットランド（湿地）には，ウィルダネス（荒野）のようにロマンチシズムやフロンティアスピリッツ，進化神話が存在しない。景観の保全，生態系サービスの場（エマ・マリス 2017）という考えも，その広大な全体からすれば，ごく一部で試みられているにすぎない。

【付記】

　本稿は2013年度関西大学在外研究（海外学術研究）の成果の一部である。その後，日本学術振興会科学研究費「カリブ海域「砂糖植民地」の系譜と産業遺産の比較技術史」（挑戦的萌芽研究）課題番号：16K1280，2016 〜 2019年度を使用して，周辺地域の補充調査を実施した。これらの成果を，発表した2つの論考（野間 2021a; 野間 2022）の一部をひとつにまとめ，さらにニューイングランドの事例などを加えて，ウェットランドとウィルダネスのアメリカ的意味を考えようとしたものである。その骨子は，同名の表題で，関西大学東西学術研究所70周年記念シンポジウム（2021年10月31日）で発表した。

【参考文献】

アラン・テイラー，橋川健竜訳（2020）『先住民 vs. 帝国　興亡のアメリカ史─北米大陸をめぐるグローバルヒストリー』ミネルヴァ書房，原著：Taylor, Alan. *Colonial America: A Very Short Introduction*, 2013.

池野茂（1978）「ホスキンス W. G. Hoskins」，藤岡謙二郎・服部昌之編『歴史地理学の群像』大明堂，191-202頁.

ウィリアム・クロノン著，佐野敏行・藤田真理子訳『変貌する大地』勁草書房，原著：William Cronon. *Changes in the Land: Indians, Colonists, and the Ecology of New England*, 1983.

浮田典良編（2003）『最新地理学用語辞典 改訂版』大明堂.

エマ・マリス，岸由二・小宮繁訳（2018）『「自然」という幻想—多自然ガーデニングによる新しい自然保護』草刺社（原著：Emma Maris. Rambunctious Garden, 2011）.

クロスビー，アルフレッド・W（2017）『ヨーロッパ帝国主義—生態学的視点から歴史を見る—』ちくま学芸文庫（原著は *Ecological Imperialism: the Biological Expansion of Europe, 900-1900*, Cambridge University Press, 1986, 2nd ed., 2004）.

菊地利夫（1977）『歴史地理学方法論』大明堂.

ソロー，H. O.（1995）『森の生活』（上下），岩波書店（原著は *Walden; Or, LIfe in the Woods*, 1854）.

田中耕司（1989）マダガスカルのイネと稲作，東南アジア研究第26巻第4号，367-393.

貝塚爽平ほか編（1985）『写真と図でみる地形学』東京大学出版会.

貝塚爽平編（1997）『世界の地形』東京大学出版会.

中川理（2008）『風景学—風景と景観をめぐる歴史と現在』共立出版.

中川正（2013）「バトンルージュ」，竹内啓一総編集『世界地名大事典8，北アメリカⅡ』朝倉書店.

野田研一（2011）「都市とウィルダネス—ボーダンランドとしての郊外」，笹田直人編『〈都市〉のアメリカ文化学』ミネルヴァ書房，2011，215-240頁，所収

野間晴雄（2020）「アメリカ南部における「ブラックライス」と「ホワイトライス」—海岸平野の大規模米栽培技術体系の形成と産地移動の含意—」，人文地理学会2020年大会，2020年11月15日（遠隔），J-Stageに要旨あり.

野間晴雄（2021a）「アメリカ南部のコロニアルな風景素描—サウスカロライナ州チャールストンとその背域—」関西大学文学論集　第71巻第1・2（合併）号，65-99頁.

野間晴雄（2021b）「イスパニョーラ島二つの国の径路—ドミニカ共和国とハイチ周回覚え書—」，史泉，第135号，2021，1-23頁.

野間晴雄（2022）「ニューオーリンズの風景—コロニアルから現代へ—」関西大学文学論集，第71巻第1・2合併号，65-99頁.

長谷川章（2021）『田園都市と千年王国—宗教改革からブルーノ・タウトへ』工作舎.

服部圭郎（2007）『衰退を克服したアメリカの中小都市のまちづくり』学芸出版社.

服部昌之・木原克司・田畑久夫（1978）「ダービー H.C. Darby」，藤岡謙二郎・服部昌之編『歴史地理学の群像』大明堂，163-183頁.

平出宣道（1963）アメリカ南部の米作プランテーション，経済論集（明治学院大学経済学会）3.

福田珠己（2008）「「ホーム」の地理学をめぐる最近の展開とその可能性」，人文地理，第60巻第5号，23-42頁.

藤岡謙二郎（1977）『現代都市の歴史地理学的分析』古今書院，1977.

藤岡ひろ子（1987）「ニューオーリーンズの都市構造と核心地区」，兵庫地理，第32号，30-39.　＊地名表記は原著のまま

藤岡ひろ子（1991）「ニューオーリーンズの歴史的核心地―ヴューカレ（Vieux Carre）―」，歴史地理，第155号，22-42.　＊地名表記は原著のまま

ホスキンス，W. G.（2008）『景観の歴史学』東海大学出版会（原著：W. G. Hosikins. *The Making of the English Landscape*, 1955）.

マクニール著・佐々木昭夫訳（1985）『疫病と世界史』新潮社（原著は *Plagues and Peoples*, Anchor Press, 1976）.

矢ヶ﨑典隆編（2011）『アメリカ（世界地誌シリーズ4）』朝倉書店.

山口平四郎（1971）「交通地理の方法―J. G. Kohl から A. Hettner まで―」，人文地理，第23巻第5号，1-28頁.

山口平四郎（1980）『港湾の地理』古今書院.

ラッシュ，エリザベス，佐々木夏子訳（2021）『海がやってくる―気候変動によってアメリカ沿岸部では何が起こっているのか』河出書房新社（原著は Elizabeth Rush. *Rising: Dispatches from the New American Shore*, 2018, Milkweed）.

宮川淳（1982）植民地時代のアメリカ米作，オイコノミカ（名古屋市立経済学会）第19巻第2号.

柳生智子（2010）19世紀アメリカ南西部における綿花プレンテーション経営について―遠隔地管理についての一考察，三田学会雑誌，第103巻第4号，85-113.

柳生智子（2012）北米植民地と大西洋奴隷貿易の展開：バージニア植民地とサウス・カロライナ植民地の比較分析」，アメリカ経済史研究第11号，21-42.

渡辺靖（2004）『アフター・アメリカ―ボストニアンの軌跡と〈文化の政治学〉』慶應義塾大学出版会.

Campanella, Richard（2006）*Geographies of New Orleans: Urban Fabrics Before the Storm*, Center for Louisiana Studies, Univ. of Louisiana at Lafayette, Louisiana.

Campbell, Anne（2008）*Louisiana: The History of American State*, Clairmont Press, Atlanta.

Carver, S. Evans A. and Fritz S.（2002）Wilderness Attribute Mapping in the United Kingdom, *International Journal of Wilderness*, Vol. 8 No. 8, 24-29.

Darby, H. C.（1940）*The Medieaval Fenland*.

Darby, H. C.（1951）The changing English landscape, *Geographical Journal*, Vol. 117, 377-398.

Edgar, W（1998）*South Carolina: A History*, University of South Carolina Press.

Edda, Fields-Black, L.（2008）*Deep Roots: Rice Farmers in West Africa and the African Diaspora*（Blacks in the Diaspora）, Indiana University Press.

Garvey, Joan B. and Widmer, Mary Lou（2001）*Louisiana: The First 300*

Years, Garmer Press, New New Orleans.

Garvey, Joan B. and Widmer, Mary Lou (2014) *Beautiful Crescent: A History of the New Orleans Louisiana*, Edited and updated by Kathy Chappetta Spiess and Karen Chappetta, Pelican Publishing Company, Gretna.

Hoskins, W. G. and Stamp, D. (1964) *The Common Lands of England & Wales*, Collins.

Johnson, Walter (1999) *Soul by Soul: Life inside the Antebellum Slave Market*, Harvard University Press, Massachusetts.

Jordan, T. G. (1989) Preadaptation and the European colonization in rural North America, *Annales of the Association of American Geographers*, 79, 489-500.

Littlefield, D. C. (1981) *Rice and Slaves: Ethnicity and Slave Trade in Colonial South Carolina*.

Matless, David (2008) One Man's England: W. G. Hoskins and the English Culture of Landscape, *Rural History: Economy, Society, Culture*, 4(2), 187-207.

Morris, Christopher (2012) *The Big Muddy: An Environmental History of the Mississippi and its Peoples from Hernando de Soto to Hurricane Katarina*, Oxford Univ. Press.

Nash, Roderick Frazier (1967) *Wilderness and the American Mind*, Yale University Press. 最新版は 5 版で2014年刊.

Opala, Joseph A. (1987) *The Gullah: Rice, Slavery, and the Sierra Leone American Connection*.

Rosen, Robert N. (1992) *A Short History of Charleston*, Unversity of South Carolina Press.

Samuel, Ray; Huber, Leonard, V. and Ogden, Warren C. (1955) *Tales of Mississippi*, Reprinted 2000.

Smith, J. F. (1985) *Slavery and Rice Culture in Low Country Georgia: 1750-1860*, The University of Tennessee Press.

Watts, David. (1987) *The West Indies, Patterns of Development, Culture and Environmental Change since 1492*, Cambridge University Press.

Weir, Robert M. (1983) *Colonial South Carolina: A History*.

Williams, M. (1989) Historical geography and the concept of landscape, *Journal of Historical Geography*, 15(1), 92-104.

「山紫水明」と「東山鴨水」

林　　倫　子

1　はじめに

　京都の鴨川を訪れその風景美を目の当たりにすると、古都の歴史や自然環境になぜか思いを馳せずにはいられない。「鴨川らしい」その風景は、現代を生きるわれわれの間で確かに共同化されている。

　筆者は以前、この共同化された鴨川の風景イメージがいかにして生まれたのかに関心をもち、近代以降の鴨川で実施されてきた景観整備や、それに関連して起こった風致・景観論争を通史的に概観した[1]。その結論として、近代以降の鴨川の風致は、近世由来の「山紫水明」や「東山鴨水」という風景表象を理想像とし、時代とともに風致にまつわる論点の発見、解釈、具体的な風致対策の提案、実施という各段階を踏まえて、その理想像を少しずつ具現化してきた、という説を提示した。その際、「山紫水明」と「東山鴨水」という二つの風景表象を、「鴨川の西岸（右岸）から東山と鴨川を眺めた風景美」を表す語として同列に扱い、議論を進めていった。

　その後、「山紫水明」の語が示す風景表象について、改めて考察し直す機会を得た。その結果、「山紫水明」という風景表象は江戸後期の漢詩人かつ思想家である頼山陽の造語であるが、明治30年頃より後の年代、す

---

1) 林倫子「近代の都市河川―『山紫水明』の風致と鴨川の整備」, 田路貴浩・齋藤潮・山口敬太編著『日本風景史―ヴィジョンをめぐる技法』, 昭和堂, pp. 279-309, 2015年

なわち我が国における自然風景観およびそれを記述する文章の近代化の後に発表された、京都を題材とする近代文学作品には、頼山陽によって発見された「山紫水明」の風景鑑賞の型を継承しその風景美に言及する用例と、頼山陽による風景鑑賞の型を原型としつつも新しいまなざしによって「山紫水明」の風景美の再解釈や発見を行おうとする用例が見られたことを明らかにした。そして後者の近代的解釈の存在が、「山紫水明」の風景表象が現代まで継承された理由である可能性を指摘した[2]。

　一方「東山鴨水」の語は、後述するように、明治期の京都を題材とした案内記ものや繁昌記ものなどに見られるものの、それ以降、特に「山紫水明」の語が台頭してくる昭和期にはほぼ見かけなくなり、現代でも「山紫水明」のように知られてはいない。このことから、「山紫水明」と「東山鴨水」は、いずれも漢詩文学をルーツとした、鴨川や東山にまつわる風景表象であったものの、近代以降はその受け止められ方が大きく異なっていた可能性が考えられる。

　そこで本稿では、「山紫水明」と「東山鴨水」という二つの風景表象について、その差異に着目しながら考察していきたい。まず初めに、「山紫水明」の語を生み出した頼山陽の書簡における、両語の使われ方を確認する。次に、「東山鴨水」の風景表象の実態に迫るため、同語が登場する明治期の名所案内記および繁昌記ものの記述を確認し、さらに、繁昌記ものの一つに挙げられる成島柳北著『京猫一斑』を通して京都の風景について論じた永井荷風著「十年振」を取り上げる。さらに、「山紫水明」の風景表象について、辞書や造園分野の専門書を含む様々な用例を取り上げ、「東山鴨水」との差異を説明する。最後に、京都都市計画の風致地区指定や同時期の風致保全の議論において「山紫水明」の語が多用された理由を、当時の都市計画技師や事務官らの言説から考察し、現代に広く共同化されている「山紫水明」の風景表象の成立の背景に京都の風致

---

2) 林倫子「近代文学にみる『山紫水明』の風景」, 関西大学東西学術研究所紀要, 第55
輯, pp. 43-61, 2022年

保全思想の広まりがあったことを示したい。

　なお、本稿の内容には、筆者による先行研究の内容と重複する箇所も含まれるが、「山紫水明」と「東山鴨水」という二つの風景表象の差異に着目して大幅に加筆・修正を行い、再構成している。

2　頼山陽の書簡にみる「山紫水明」と「東山鴨水」

　「山紫水明」の語の出自について、後述するようにかつては誤解されていた場合も多々あったようであるが、現在では、江戸時代後期の漢詩人かつ思想家である頼山陽（1780-1832）の造語であるというのが定説となっている[3]。頼山陽自身がどのような風景体験のもとにこの語を生み出したのかについても関心が寄せられており、近年に至るまで、山陽の漢詩や書簡の分析をもとに、あるいは頼山陽の住まい「水西荘」とその離れである「山紫水明処」の建築的解釈をもとに、複数の論者によって彼の風景体験に迫る試みがなされている。

　まず、池田[4]によると、頼山陽自身が「山紫水明処」と名づけた場所は二箇所あったという。初めにその名を得たのは、瀬戸内海の多島景を望む、広島鞆の浦の対仙酔楼の二階座敷である。そしてその後、京都鴨川西岸（右岸）の三本木に営まれ、頼山陽の終の棲家となった水西荘の庭の離れにも、同じ名がつけられた。現在は後者が一般によく知られ、「山紫水明」の風景表象に関する先行研究[5]も、基本的にはこの水西荘の離れである「山紫水明処」から眺めた東山および鴨川の風景について論

3）一海和義「山紫水明」,『一海和義著作集七　漢詩の世界I』, 藤原書店, pp. 355-357, 2008 年　など

4）池田明子『山紫水明―頼山陽の詩郷』, ウォーターフロント開発協会, 2010 年

5）参考文献3）, 6）, 7）, 8）に加え,
　島村幸忠「頼山陽の風景観と山紫水明処について」,『人文×社会』, 1巻1号, pp. 461 -466, 2021 年　など

じたものである。さらに池田は、「山紫水明」の語のルーツとみられる「山紫水白」が「竹原舟遊記」中の瀬戸内海の夕刻の情景を表す語として用いられていたことなどから、頼山陽によって用いられた「山紫水明」の語は、日没前に山影（島々もそこには含まれる）が青紫に染まり、夕日によって（海または川の）水面が輝く、夕刻の情景の描写であった、と結論付けている。なお、頼山陽研究者として彼の書簡をまとめた木崎好尚も同様の指摘をしており、書簡中に見られた「山紫水明之時」の用例を根拠に、「山紫水明」は夕刻という特定の時刻にのみ使用された風景描写であったと解説している[6]。その後「山紫水明」の風景表象について論じた諸研究[7]も、京都において頼山陽に見出された「山紫水明」の風景を、鴨川西岸（右岸）の三本木から眺められた、頼山陽自身の「直接経験に支えられた風景」であったと指摘している。上記の先行研究の成果によって、頼山陽の見出した「山紫水明」の風景表象の正体についてはおおよそ決着をみたように思われる。

　それでは、頼山陽が夕刻という特定の時刻の情景に限定せずに東山と鴨川の風景を言い表すときには、どのように表現していたのか。『頼山陽書翰集』収録の書簡をもとに考えたい。なお記述の解釈においては、岡田[8]あるいは西垣[9]の研究成果も参照した。

　まず、『頼山陽書翰集　続編』収録「〔八一〕水西草堂の風趣（江馬細香・村瀬藤城へ）」より、頼山陽が水西荘を住まいとして選んだ理由について述べた箇所を引用する。

　　　春来郊外処々相㆑攸候処、不㆑如㆓鴨西之富㆑眺望㆒、然、下地之木

　6）木崎好尚（愛吉）『頼山陽と其母』, 吉岡寶文館, pp. 197-198, 1911 年
　7）重森三玲「山陽の水西荘庭園と彼の風景観」,『庭園と風景』, 第 14 巻第 12 号（147）, pp. 364-367, 1932 年
　　　西垣安比古「山紫水明の京」,『人環フォーラム』, No. 21, pp. 26-31, 2007 年
　8）岡田孝男『山紫水明処』, 財団法人頼山陽旧跡保存会, 1974 年
　9）西垣安比古「山紫水明の京」,『人環フォーラム』, No. 21, pp. 26-31, 2007 年

屋町ハ、偏仄無レ種レ花之地ニ、因レ之三本木川附ニて、空閑之地有レ
之、家建仕、…（中略）…。川附幅員十間余、亭樹ノ門巷頗極二幽趣一
候。種二梅十余株一、侘、桂・杏桃・盧橘・桜桃・桐・竹之類、大概
備レ品候而、蓊欝間より、東山隠見、鴨水ハ流二於庭際一候。木屋町
の様ニ岸高く無レ之、盥漱浣濯、皆資二於此一、実に終焉之地と相定
申候。雪月烟雨、無レ時不レ宜、何卒御来遊奉レ待候。[10]

　頼山陽は転居地を探して郊外地を見て回ったが、鴨川西岸ほど眺望が
よい場所はなく、かつ木屋町の家には花を植える余地がなかったため、
三本木の鴨川沿いにあった空閑地に家を建てた。家の庭にはさまざまな
花木を植えていたが、その木々の合間より東山を見ることができた。鴨
川の水が庭のすぐ脇を流れていて、川と敷地の比高がかつて暮らしてい
た木屋町の家ほどには高くなく、洗い物がすべてここでできるほどに水
面が近かった。これらも考慮してここを終の棲家と定めたのだという。
鴨川西岸から東側を眺めた風景を非常に気に入り、山の前景となる庭の
構成や敷地の地盤、そして水面との距離感などにもこだわり、三本木の
地に転居してきたことがわかる。その並々ならぬ思い入れのある風景を、
ここでは視対象となる山名と川名の「東山」「鴨水」をそのまま記して表
現するにとどまっている。なお、この書簡の引用箇所より後の部分では
「山紫水明」の語がみえるが、「伊丹大樽を齋傍ニ安置し、日々山紫水明
之時ニハ傾申候。」と、木崎の指摘するように夕刻の情景が見られる時刻
を「山紫水明之時」と表現して、晩酌の頃合いの説明に用いている。
　このように、東山と鴨川の眺望を単純に「東山」と「鴨水」、あるいはそ
れらをつなげた「東山鴨水」や「東山鴨水の景」などと表現するのは、頼
山陽の他の書簡でも同様である。その例として、水西荘に転居する以前
に、木屋町の家から両替町へ転居した時期に書かれた、2つの書簡を示す。

10）蘇峰徳富猪一郎・好尚木崎愛吉共編『頼山陽書翰集』，続編，民友社，pp. 243-246,
　　1929 年

（筆者注：両替町の家は）東山・鴨水には劣候へ共、小園鋤理、栽_二竹木_一候も亦可レ娯候。
（『頼山陽書翰集』上巻[11]、〔二〇二〕両替町の薔薇園（其二）（久米牀山へ））

　　僕（四月廿六日）両替町に移居、東山・鳥水の景はなけれ共、後園を鋤荒、栽_二花竹_一、深邃茂密、如レ在_二林野_一、反愈_二於樵巷（木屋町）之太濁露_一候。
（『頼山陽書翰集』上巻[12]、〔二〇八〕両替町の薔薇園（其三）（村瀬藤城へ））

　頼山陽が東山と鴨川の眺望を「東山鴨水」と極めて簡潔に表現したのは、ただ山名と川名を示すだけでその風景美が伝達できるほどに、「東山鴨水」の風景が歴史的・文学的な意味や概念におおわれて定型化・形式化され、当時の文化人たちの間で共同化されていたからであろう。だからこそ、ある意味では陳腐化していたともいえる東山と鴨川の形式美にとどまらず、夕刻の空と光が生み出す印象的な情景を自身の風景観察に基づいて見出し、自身の故郷広島での風景体験ともつなぎ合わせて「山紫水明」と名付けた、頼山陽の感性の鋭さと表現力が際立ってみえてくる。

3　「東山鴨水」の風景表象

　次に、文化人らの間で定型化されていた「東山鴨水」の風景表象が、

11）蘇峰徳富猪一郎・好尚木崎愛吉・澆華光吉元次郎共編『頼山陽書翰集』，上巻，民友社，pp.495-496，1927 年
12）蘇峰徳富猪一郎・好尚木崎愛吉・澆華光吉元次郎共編『頼山陽書翰集』，上巻，民友社，pp.505-507，1927 年

明治期にどのように受け止められていたのかについて考察する。ここでは、明治期の京都の名所や地物を題材とした文献として、近世の「名所図会」の流れを汲む旅行案内書として多数発刊された明治期の名所案内記[13]と、当初は作者の批評性などを楽しむ読み物として生まれつつも次第に名所案内記と性質が近いものになっていったという明治期の繁昌記もの[14]を取り上げる。明治初期の案内記に取り上げられた京名所について、長谷川[15]は、近世以来の伝統的な由緒がそのまま表象されている名所と、近代化の影響を受けて由緒が書き換えられた名所、近代に新たに創出された名所などがあることを指摘している。本研究の分析においても、近世由来の伝統的な由緒の踏襲と近代的な由緒の再編の二面性に留意しつつ、明治期の名所案内記および繁昌記ものに見られる「東山鴨水」もしくは「東山」と「鴨水」を対にした記述を取り上げたい。

　まずは、京都の地勢一般の説明において、東山と鴨川に言及した例である。

　　清水紫蝶著・金子静枝閲『京都名所図会』[16]（1895（明治28）年発行）
　　「京都名所図絵叙」
　　　東山の秀、鴨河の清、城南の開闊、西北の名蹟、伽藍堂塔以て洛
　　中の楼台を囲む、日本の勝景を網羅する者は蓋し我京都たり矣
　　「緒言」
　　　東洋美術の中心は我日本帝國を除きて何くにか在る而して帝國美
　　術の中心は京都を除きては遂に看出す能はざるなり、煙霞縹緲の中
　　に鎖されて淡影微かに漏れ来る東山三十六峯は如何に明媚なる、洛

13）荒山正彦「解説」，『東京名勝図会／東京名所図会』，シリーズ明治・大正の旅行　第Ⅰ期　旅行案内書集成，第1巻，ゆまに書房，pp.7-24，2013年
14）新稲法子「繁昌記ものの研究」，大阪大学博士論文，pp.262-265，1999年
15）長谷川奨悟「明治前期の名所案内記にみる京名所についての考察」，『歴史地理学』，54巻4号（261），pp.24-45，2012年
16）清水紫蝶著・金子静枝閲『京都名所図会』，笹田栄寿堂，1895年

の中外に流れて紅塵紫埃を洗ひ去る鴨、桂、の二大清は如何に澄鮮
なる、…（後略）…

緒言の記述には、鴨川だけでなく桂川も併記されているが、いずれも巨
視的視点で京都の地理や自然美を表現するために、東山および鴨川の名
を挙げている。これら二つの風物の羅列が、京都の山水全体を連想させ
る一種の定型句として機能していた可能性をうかがわせる。ただし、こ
のような表現の見られる文献は一部に限られる。
　次に、特定の名所の説明において、東山と鴨川に言及した例である。

福富正水原著、乙葉宗兵衛編輯『京都名所順覧記』（1877（明治10）
年発行）
「三條大橋」[17)]
　三條大橋の西詰を南へ四條迄を俗ニ先斗町と云。一の遊里にして
席貸料店軒を並べ楼前には東山の碧翠を望ミ楼下には鴨川の清き流
れを帯び実にも山水の媚をここに有ちて四時の鑑賞絶佳なれハ、詞
人騒客毎（つね）にここにつどひ雪に酔ひ花に吟じてかの劉伶が陶々たる楽
しミも斯やと想像せられたり。（句読点は筆者付す）

石田旭山編輯『京都名所案内図会』（1887（明治20）年発行）
「三條小橋」[18)]
　橋の東詰を北に至る地を木屋町と云、寄宿席貸料理屋等多く何れ
も鴨川の西岸に沿ひ水亭を構へ東山の眺望佳絶にして旅泊第一の名
あり。（句読点は筆者付す）

---

17) 福富正水原著・乙葉宗兵衛編輯『改正各區色分町名京都名所覽記』，村上勘兵衛，8-
　　9丁，1877年
18) 石田旭山編輯『京都名所案内図会』，正宝堂，7丁，1887年

118

清水紫蝶著・金子静枝閲『京都名所図会』（1895（明治28）年発行）
「西石垣」[19]

　　西石垣は四條橋畔の西詰め南の方木屋町に通ずる邊を云へり、…
（中略）…本所は市中著名なる殷賑の土地にして、料理屋旅宿屋軒を
列ね繁昌限りなく、…（中略）…、又た欄に倚つて東方を望めば<u>山遠</u>
<u>く水近く</u>、幽艶たる雅趣遠来人の目を奪へり。（句読点は筆者付す）

窪田修佐（勤堂居士）『京都繁昌記』（1896（明治29）年発行）
「貸席」[20]

　　鴨川の滸、三本木に楼あり。貸席をなす。貸席とは客の需に応じ
て席を貸すなり。独り三本木のみならず。円山亦然り、木街（きやまち）亦然り。
而して木街は尤も風景に富む。仰げば則ち<u>東山</u>、俯せば則ち<u>鴨川</u>、
翠色淋漓として、雪々耳を洗ふ。且つ楼台清潔、器皆な精奇、実に
仙境なり。客あり楼に登る。酒肴優備にして、美人周旋し、巧言令
色、懇待骨に次む（きざ）。

　いずれも、鴨川西岸（右岸）の遊所として著名であった三本木、木屋
町、先斗町、西石垣（図1）の項での記述である。近世以来、遊所には
文化人たちが集まる芸能界や社交界の趣もあった。なお『京都繁昌記』
にみられる「貸席」とは、加藤[21]によると正しくは「席貸」のことで、
「東京の待合茶屋のような雰囲気があり、実際に芸妓も泊まることもある
という」、「独特のお茶屋」であったという。これら名所の説明において
は、沿岸の貸席や寄宿、料理屋など、遊所・花街を構成する店々の窓の
欄干越しに眺められる、あるいは納涼台の上から眺められる、東山の眺

19）清水紫蝶著・金子静枝閲『京都名所図会』，笹田栄寿堂，p. 28，1895年
20）窪田修佐（勤堂居士）『京都繁昌記』，学文館，1896年（新撰京都叢書刊行会編『新
　　撰京都叢書』，第10巻，臨川書店，pp. 101-102，1985年）
21）加藤政洋『京の花街ものがたり』，角川学芸出版，pp. 14-22・126-135，2009年

図1　本稿で取り上げた遊所および山紫水明処と東山・鴨川との位置関係
（遊所の位置は、加藤政洋『京の花街ものがたり』を参照し、2万分の1地形図「京都
北部」「京都南部」「大津」「膳所」（1909年測図）部分に筆者加筆。この地図は時系
列地形図閲覧サイト「今昔マップ on the web」（(C) 谷 謙二）により作成した。）

望と鴨川の清き流れに触れていて、実際に席貸の営業広告にはその風景
の良さが謳われている（図2）。なお、名所案内記や繁昌記ものの中に
は、鴨川には触れてはいないものの、東山の眺望の良さを示しつつ鴨川
西岸の遊所を紹介した作品や項目が他にも多数存在する。これらも含め
て、「東山鴨水」の風景表象は、鴨川西岸（右岸）に発達していた遊所文
化やそれらを記述した文学、そしてそれらを記述する名所観と切り離せ
ないものとなっていたことがわかる。

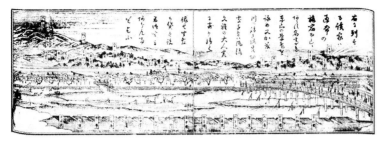

**図2　木屋町の席貸（旧貸座敷）業者らによる、東山と鴨川の眺望のよさを謳っ
た広告（一部抜粋）**
（石田有年編『都の魁：工商技術』（1883（明治16）年）より転載）

　明治期の新聞記事でも、「東山鴨水」の風景表象の扱い方には同様の傾
向がみられる。一例として、日出新聞千号付録「納涼ばなし」（日出新聞
1888（明治21）年7月25日）を取り上げる。この付録の掲載当時は、
鴨川東岸（左岸）の河川敷地内に鴨川運河を建設する計画と、それに伴
って鴨川の河床を掘削する河川改修工事が計画されており、これらの計
画に反対する人々の間で同事業による鴨川の風致毀損が問題視され、新
聞紙上でも論争となっていた[22]。「納涼ばなし」では、鴨川納涼期中の木
屋町水楼での遊客らの会話という形式で、2つの計画概要を説明しなが
ら、この風致論争の内容も解説している。このような場面設定は、この
記事が掲載された7月下旬という季節柄と、工事によって多大な影響を
受けるとみられていた鴨川西岸（右岸）の遊所からの眺めを意識したた
めの趣向であろう。同記事中、「東山鴨水」に関連する記述を引用する。

　　「（前略）…斯して東山に対し鴨水に臨み叡岳の清風を攫み華頂の
　　涼味を嘗む、真に奇実に妙といふ、此避暑地に来りては初めて蘇生
　　致すといふ訳で、此東山鴨水は京都に於る最枢要の地所かと思考さ
　　れますテ」

22）林倫子「近代の都市河川─「山紫水明」の風致と鴨川の整備」, 田路貴浩・齋藤潮・山
　　口敬太編著,『日本風景史─ヴィジョンをめぐる技法』, 昭和堂, pp. 279-309, 2015年

「（前略）…先生見給へ、首を挙げ物干に上りて見給へ、二條より
五條七條に至る数千の納涼床、萬人避暑の最好地となるは何の所以
でありませう、左顧右眄此潺湲たる流水の濺ぎなすが故でありませ
う、蓋し納涼を以て東京大坂に誇り外客をして京都は日本の一大公
園なりと賞せしむるも此東山鴨水の愛すべきが為めでありませう、
当路者は書生の浅ツ返りか、若くは洋癖の突飛的か、風色山水を愛
するの雅意は毫もなく、否な土地を愛惜珍重し國粋保存の念慮に乏
しく、此風色をして乱離骨灰にせしめんとは…（後略）」（いずれも
読点は筆者付す）

　鴨川の磧での納涼が最も盛んであったのは 1877（明治 10）年頃とさ
れており、上記記事にもある鴨川運河建設工事に伴う河川改修が、納涼
場の最初の大きな衰退の契機であった[23]ので、この記事の掲載された 1888
（明治 21）年当時はまだ、明治期でも納涼が比較的盛んな時期であった
と思われる。「納涼ばなし」の記述からは、当時論争となっていた鴨川の
風致問題とは、すなわち「東山鴨水」の風景毀損の問題であったことが
わかる。「東山鴨水」の風景があってこそ鴨川納涼場が避暑地として成立
するのであり、これを傷つけるなどという事業計画者は風色山水を愛す
るという雅意を理解せず国粋保存の念慮に乏しい、と批判している。い
うまでもなく、鴨川納涼は鴨川とその沿岸に発達した夏の遊興であり、
ここでも「東山鴨水」の風景表象は遊所文化に欠かせないものとして理
解されていることがわかる。
　このような、「鴨川西岸（右岸）の遊所で眺められる風景」という「東
山鴨水」の風景表象の性質は、頼山陽が三本木の水西荘に居を定めた時
も同じであったと思われる。例えば、三本木への転居に関して記した次

23）林倫子「京都鴨川川中における明治期の夏季納涼営業の変遷—日出新聞・京都日出新
　聞の記事を中心に—」『土木学会論文集 D1（景観・デザイン）』, Vol. 71, No. 1, pp. 26-36,
　2015 年

の書簡からも、その雰囲気が読み取れる。

　　僕義、市居難｜耐、非｜城非｜埜、仰｜山俯｜水と申処を尋あるき、
　　此節、東三本木南町、川附之処に卜築。歌吹海中なれども、園樹眺
　　望は冠｜絶三都｜候処に候。隙地、方十余畝、栽｜梅竹桃杏三十余株｜、
　　自｜其間｜望｜東山三十六峰｜、鴨水映｜帯庭際｜候。
　　（『頼山陽書翰集』上巻[24]、〔二五七〕水西荘（其三）（山口睦齋へ））

　この書簡中の、「東山鴨水」の眺められる三本木の居宅についての説明
は、先に引用したいくつかの書簡とほぼ同じである。ここで着目したい
のは、その描写の前に「歌吹海中なれども」と、三本木の地が遊所であ
る旨をわざわざ断っていることである。頼山陽の素行を常に心配し注意
をしていたという漢詩人菅茶山に宛てて頼山陽が送った書簡には、「其処
歌吹海に御座候て、如何と申人も御座候へ共」[25]とも記されていて、酒楼
もあるような歓楽地三本木に住まうことに対して頼山陽自身が他人から
苦言を呈されることもあったようである（もっとも、水西荘の解説書を
記した岡田は、頼山陽はこのようなアドバイスを受けて新たな転居先を
探す素振りも見せていたものの、その風景をいたく気に入っていたため
水西荘からの退去を真剣には検討していなかったようだ、と推測してい
るが[26]）。つまり、「東山鴨水」の景とは文字通り東山と鴨川の眺望その
もののことであるが、頼山陽の時代にもその後明治時代にも、その風景
を眺められる場所としては鴨川西岸（右岸）の遊所が連想され、それら
を題材にした遊里文学や名所観とともに定型化され、流布していたこと
がうかがえる。

24）蘇峰徳富猪一郎・好尚木崎愛吉・澆華光吉元次郎共編『頼山陽書翰集』、上巻，民友
　　社，pp. 628-629，1927 年
25）蘇峰徳富猪一郎・好尚木崎愛吉・澆華光吉元次郎共編『頼山陽書翰集』、上巻，民友
　　社，pp. 621-623，1927 年，「〔二五三〕水西荘（其一）（菅茶山へ）」
26）岡田孝男『山紫水明処』，財団法人頼山陽旧跡保存会，pp. 18-22，1974 年

次に、この「東山鴨水」の風景と遊所文化との関係にいま少し迫るため、永井荷風「十年振」[27]（1922（大正11）年）を取り上げる。この作品は、1909（明治42）年以来10年ぶり4度目に京都を訪れたという荷風が、近代化のために大きく変貌しつつもいまだ風情や情緒を失わずにいる京都の町の、その趣の部分について論じた紀行文である。荷風は成島柳北の著作を愛好したことで知られており、柳北が遊里の紀行風俗世相を描いた繁昌記もの『柳橋新誌』（初編・第二編、1874（明治7）年発行）の成立背景を記した「柳北仙史の柳橋新誌につきて」[28]も発表している。この京都への旅で荷風は、「都名所図会はあまりに大部であつて外に案内書となすべきものが見当たらなかつた故」に、同じく成島柳北の手になる遊里を題材とした繁昌記もの『京猫一班』[29]（1874（明治7）年発行）を行李に入れて旅立ったという。そして「柳北先生の戯文はわたしの云はうとする処を云ひ尽してゐる」として、作品の末尾にはその本文を多く引用している。よって、この作品に記された荷風の風景に対する見立ては、成島柳北によって描かれた遊所文化に多大な影響を受けたものであり、それはすなわち「東山鴨水」の風景表象と密接にかかわる風景観であったとみることが出来る。

　ただし、「十年振」が発表された1922（大正11）年には、漢文体の作品やそれによって広く世間に浸透していた名所観などは、すでに前時代的な文化となっていたものとみられる。繁昌記ものを研究した新稲によると、例えば漢文戯作である繁昌記ものは明治30年代まではしばしば発刊されていたというが、それは当時まだ漢詩文の教養を持ち漢文戯作を楽しめるような読者がいたためであって、その後は発刊数が著しく減り、繁昌記ものというジャンル自体が漢詩文という教養の衰退と命運を共に

27）永井荷風「十年振」，『中央公論』，第37年第13号（416），中央公論新社，pp. 109-121，1922年
28）永井荷風「柳北仙史の柳橋新誌につきて」，『中央公論』，第42年第5号（472），中央公論新社，pp. 119-126，1927年
29）成島柳北『京猫一班』，成島柳北『柳北全集』，博文館，pp. 270-282，1897年

した、と指摘している[30]。また同時代の日本では、風景観に大きな変革が起きたことが知られている。鈴木[31]は、「徳川後期には活発化していた観察的態度が、明治期に西洋からもたらされた思想によって「観察」として概念化され意味づけられて、自然に対する客観的叙述の形態が定着した」と指摘する。さらにこの「観察」は「伝統的な観念規範にのっとって天然の美をうたう態度による「美文」から、肉眼の観察による記述へと変化をもたらし、文章の近代化をもたらした」、かつ同時に「紀行文における名所観念からの離脱」が起こった、とも述べる。これを「最も組織的に展開した」のが1894（明治27）年発行の志賀重昂『日本風景論』であり、この著作をきっかけに日本人の風景観に変革が起こったことは、すでに多くの研究によって指摘されているところである。このため、先に述べたように、「十年振」の作品全体には近代化による都市の風趣の喪失に対する危機感が漂っているが、それは単に物理的環境だけを念頭に置いたものではない。環境を含む近世的・伝統的な都市文化全体に対する懐古や憧れの意識が、その危機感の根底にあることに留意すべきである。

　前置きが長くなったが、ここから本文の内容について考察をすすめる。「十年振」では、「東山鴨水」の景について以下の2カ所で触れられている。文意を汲み取るため、少し長いが引用する。

　　京都に遊ぶことを喜ぶものはおのづから僧侶を敬ひまた妓女を愛しなければなるまい。緇衣と紅裾とは京都の活ける宝物である。この二ツのものがなかつたなら現在の京都は正に冷静なる博物館と撰ぶ処なきに至るであらう。
　　幽邃なる寺院の境内より漏れ聞ゆる僧侶が読経の声と梵鐘の響とは古雅なる堂塔の建築と相俟つてこゝに森玄なる宗教芸術の美がつ

30）新稲法子「繁昌記ものの研究」，大阪大学博士論文，pp. 22-24，1999年
31）鈴木貞美「日本近代文学にみる自然観—その変遷の概要」，伊東俊太郎編『日本人の自然観』，河出書房新社，pp. 371-394，1995年

くり出される。東山鴨水の佳景にして若し綺羅紅裙の色彩を断つた
ならば、其の風趣は啻に名家の画を見て此れを窺ふも妨げはあるま
い。京都を芸術の都市として鑑賞しやうとする時吾等は現代の仏教
徒が信仰学識の如何を論ずる必要がない。妓女が心事の如何もまた
更に問ふを要しない。吾等は唯近世の空気に冒されざる僧と妓との
生活に対して感謝の意を表すれば足りるのである。

　流水と松籟の響に交る読経の声と、桜花丹楓に映ずる銀釵紅裙の
美とは京都に来つて初めて覚め得べき日本固有なる感覚の美の極致
である――即ち秀麗なる國土山川の美と民族伝来の生活との美妙神
祕なる芸術的調和である。（pp. 112-113）

　芸術を除外して巴里に留ることは決して巴里を知るの道ではある
まい。京都に遊んでよく山水殿堂の美を賞するものはおのづから脂
粉の気に親しまざるを得ないであらう。何故といふに、祇園の教坊
は既に久しく山陽竹田三渓春濤諸家の詩文によりて東山鴨水の勝景
と共に今は全くクラシツクとなつた観があるからである。（pp. 119-
120）

つまり荷風の言葉を借りれば、「東山鴨水」の景とは「秀麗なる國土山
川の美と民族伝來の生活との美妙神祕なる芸術的調和」であるという。
「民族伝来の生活」というのは「東山鴨水」の場合、「妓女」「綺羅紅裙」
「脂粉の気」などの遊所文化にあたる。これらに親しむことなしに京都の
山水美の風趣を理解することはできなく、遊所文化を失った「東山鴨水」
の景は「冷静なる博物館」や「名家の画」と変わらぬ存在、つまり生き
た都市文化ではなくなってしまう、と荷風は述べる。先述のように、「東
山鴨水」の風景表象は鴨川西岸に発達していた遊所文化やそれらを記述
した遊里文学、そしてそれらを記述する名所観と密接にかかわるもので
あった。荷風はまさにその点を指摘し、「東山鴨水」の風景表象は山水美

126

の単なる「眺め」の美しさではなく、文化に裏打ちされた風趣こそが重要である、と主張しているのである。その背景には、「東山鴨水」の風景表象が「今は全くクラシックとなった観がある」という危機感があった。つまり、この作品の発表された1922（大正11）年当時には、かつて「東山鴨水」の風景と一体のものであった遊所文化やそれを世に知らしめた名所観などが衰退したことにより、東山と鴨川の眺望が従来の「東山鴨水」の文脈からは外れ、単なる「美しい山水の眺め」として認識されつつあった、という時代性がうかがえるのである。

　以上をまとめると、明治期における「東山鴨水」とは、地理的な視点から京都の山水全体を指すという用例も見られたが、より一般的には、鴨川西岸（右岸）の遊所からの東山および鴨川の眺めを指し、近世由来の遊所文化や名所観と密接に結びついた風景表象であったと考えられる。ただし、おそらく明治30年代後半以降のことと思われるが、これらの遊所文化や名所観の衰退に伴ってその風景表象は衰退していき、永井荷風が京都を訪れた1922（大正11）年当時には前時代的な風景観となっていたといえる。

4 「山紫水明」の風景表象

　次に、頼山陽が東山と鴨川の夕刻の情景を表現した「山紫水明」という風景表象の、明治期における受け止められ方を見ていきたい。

　前章にて述べたように、明治期発行の名所案内記や繁昌記ものには、「東山鴨水」の語やそれに類する風景表現が、鴨川西岸（右岸）の遊所である木屋町、先斗町、西石垣などの項で頻繁に確認できた。それに対し、これらのジャンルの作品に「山紫水明」の語が登場する例は極めて少ない。ここでは筆者が発見した例として、地名辞典と、そして繁昌記ものを一つ紹介する。

吉田東伍『大日本地名辞書』第一冊之上（1901（明治34）年発行）「河原」の項目中「三本木」[32]

　三本木は古の河原の中にて今も賀茂川の千鳥を聞く名所とて、風流雅客の尋ぬるあり、近代頼山陽此に寓止し山紫水明処を営み、三本木の字を修して三樹と為したり。

平井広五郎（百痴居士）編『西京風雅詩集』（1895（明治28）年発行）「三本樹街」[33]

　華軒処々晴川ニ傍フ。山紫水明眼ニ当テ妍ナリ。僑寓酔遊スベテ自在。風流カヘツテ好シ北偶ニ偏スルニ。

いずれの用例も、頼山陽が水西荘を営んだ三本木の項の記述であり、『大日本地名辞書』の記述はまさに山紫水明処の紹介である。『西京風雅詩集』の「山紫水明」は、前後の文脈から東山や鴨川の風景や情景を指していると思われるが、夕刻の景か否かを含め詳細は明らかでない。ただ、同書の他の項では「山紫水明」を使用しておらず（例えば「先斗町」の項では「山水景」と表現している）、「三本木」の項でのみ「山紫水明」の語でその眺望を表現している。このことから、「山紫水明」は頼山陽の旧跡にちなんだ風景表現の言い回しであって、「東山鴨水」よりも限定的に、三本木のみで使用されていたものと推測される。

　それでは、鴨川西岸からの景を表す「東山鴨水」と、さらに眺める場所を三本木に限定した鴨川西岸からの景を表す「山紫水明」という二つの風景表象に、何らかの違いはあったのか。『西京風雅詩集』には、「三本木」と「木屋街」の項の後に、以下のような補足説明がある。

32）吉田東伍『大日本地名辞書』，第一冊之上，富山房，p. 33，1901 年
33）平井広五郎（百痴居士）編『西京風雅詩集』，文港堂，p. 55，1895 年
　　ただし本稿では，生田耕作編著『鴨川風雅集』（京都書院，p. 58，1990 年）所収の書き下し文を掲載した

　　　三本樹街。木屋街。共二鴨水二枕ミ。東山ヲ望ム。風景尤モ佳。
　　唯地二南北之別有。自冷炎繁瘠異ニス。之ヲ等フスルニ。木屋街ハ。
　　佳屋二富雖。脂粉ノ気盛ンニ。却テ箇ノ風流ヲ殺ク。三本木街。散
　　策之次二便ナラズト雖。風雅ノ趣味自多シ。況ヤ頼翁ノ山紫水明処
　　有ヲヤ。[34]（書き下し文は筆者による）

　三本木も木屋町もともに「東山鴨水」の風景が美しいが、南北に分かれ
ていて街の繁華の様子が異なる。木屋町はよい店が多いが脂粉の気が盛
んなために却って風流が殺がれる、三本木は散策が不便だが風雅の趣味
が多く頼山陽の山紫水明処もある、と説明されている。この木屋町と三
本木の街の違い、三本木でも木屋町でも遊所から眺める「東山鴨水」の
風景は楽しめるが、遊所の雰囲気が薄い三本木の方が山紫水明処含め風
雅である、という説明は、非常に興味深い。頼山陽は書簡中で、三本木
に暮らしてもその方面の遊びには見向きもしないと述べ[35]、もっぱら「東
山鴨水」の風景の良さのみを褒めていた。実際の街の雰囲気はもちろん
のこと、遊所文化に拠らずに山水の風景美を見いだし賛美した頼山陽と
いう人物の存在も、ふたつの地区のイメージの差に関連しているのかも
しれない。いずれにしてもこれらの事実からうかがえるのは、三本木か
らの眺めに対してのみ用いられた「山紫水明」の風景表象は、眺めの構
図としては木屋町やその他遊所の「東山鴨水」の風景表象と変わらない
ものの、「東山鴨水」よりも遊里文化から距離を置いた、風雅・風流なイ
メージで受け止められていた可能性がある、という点である。
　以上は「京都の名所」の紹介を行った作品の分析であったが、それ以
外の近代文学作品において、「山紫水明」の風景表象はどのように受け止
められていたのか。膨大な文献のすべてに目を通すことは不可能であっ

34）平井広五郎（百痴居士）編『西京風雅詩集』，文港堂，p.56，1895年
35）蘇峰徳富猪一郎・好尚木崎愛吉・瀧華光吉元次郎共編『頼山陽書翰集』，上巻，民友
　　社，pp.621-623，1927年，〔二五三〕水西荘（其一）（菅茶山へ）

たが、管見の及ぶ限りでその用例を紹介する。

　第一に、そもそも、京都の東山と鴨川の風景ではないことが明らかな用例が多数見受けられる。例えば1899（明治32）年の南遷漁史「北海道石狩國札幌区の概況」[36)]では、「帝京を距る北の方幾んと二百八十里。山紫水明の一都邑あり。札幌といふ。」と、札幌の山水美の表現として「山紫水明」が使われている。頼山陽自身も「山紫水明」の語を京都鴨川に限定して使用したわけではなかったということは、先に述べた通りであるが、この用例では頼山陽のように具体的な情景を表したというわけでもなく、山水美に恵まれた地理的条件を「山紫水明」の語で説明している。「山紫水明」は、中国の詩文で山水美を褒める語として用いられる「山紫」と「水明」を合わせた造語であるから、頼山陽の漢詩や書簡にそれほど親しんでいない者であっても、その字面から山水美の表現としては理解できてしまうため、このような観念的な用法が早い時期から見られたのであろう。頼山陽研究者であった木崎好尚は、自身の著作の中でこの用法をたびたび誤りとして指摘している[37)]が、それはすなわち、頼山陽の意図を汲まない「山紫水明」の解釈が主流となっていったからに他ならない。実際、明治40年代以降に発行された辞書における「山紫水明」の説明は、以下のとおりである。

- 日に映じて、山の翠（アヲ）き樹色は紫色に見え、澄み渡りたる水影もさやかに見ゆること。又、山水の風光清くして麗しきこと。（『辞林』[38)]，1907（明治40）年）
- 山水の風光清くて麗しきにいふ語。（『発音数引 実用新辞典』[39)]，1908（明治41）年）

36）南遷漁史「北海道石狩國札幌区の概況」，『風俗画報』，194号，pp.9-11，1899年
37）木崎好尚（愛吉）『頼山陽と其母』，吉岡寶文館，pp.197-198，1911年
　　蘇峰徳富猪一郎・好尚木崎愛吉共編『頼山陽書翰集』，続編，民友社，p.246，1929年
38）金沢庄三郎編『辞林』，三省堂，p.604，1907年
39）森本樵作『発音数引 実用新辞典』，開文館，p.827，1908年

- 山水ノ美麗ナル趣キノ形容。(『大辞典』上巻[40]，1912（明治45）年)
- 山水の風景の美しき形容。(『字源』[41]，1923（大正12）年)

上記のうち、唯一『辞林』のみが、頼山陽の「山紫水明」の情景に近い説明をしているものの、山水美一般という観念的説明も併記されている。その他の辞書では、後者の山水美一般という説明を掲載するのみである。漢詩文学の衰退していった明治期後半には、「山紫水明」の風景表象の主な意味が、頼山陽の考案したものからは遠ざかっていったのであろう。そしてこのような「山水美一般」としての「山紫水明」の解釈は、風景学にも取り入れられていく。風景学の学問的体系をなした日本で最初の書として知られる[42]上原敬二『日本風景美論』（1943（昭和18）年）では、「山紫水明」を、「これは風景を一歩出で、佳風景を称するもの、王勃滕王閣序に『潦水盡きて寒潭清く，煙光凝つて暮山紫』とあり、これより山紫水明の文字出づ。」[43]と説明した。なお、同書における「風景」の定義は「地形及びそれに伴ふ植生、人工景等を併せたる一地方の自然地域に於ける景観をいふ。」[44]とあるので、「佳風景」は「良い自然景観」という、観念的な意味合いと理解して差し支えない。さらに、「山紫水明」の語の出典を頼山陽ではなく中国の漢詩に求めていることからも、頼山陽の風景体験とは全く別のアプローチから「山紫水明」の風景表象を解釈しており、それが風景学という学問に取り入れられていったことが理解される。

　第二に、京都を題材とした近代文学作品における、東山と鴨川の風景

40）山田美妙『大辞典』，上巻，嵩山堂，p.1828，1912年

41）簡野道明『字源』，北辰館，p.538，1923年

42）千田稔「風景論と身体性―もう一つの近代論―」，『風景の構図』，地人書房，p.257，1992年

43）上原敬二『日本風景美論』，大日本出版，p.48，1943年

44）上原敬二『日本風景美論』，大日本出版，p.39，1943年

美を表現した用例がいくつか見受けられる（表1）。各作品の用例については前稿[45]にて詳述したのでここでは概要を記すにとどめるが、いずれも頼山陽による「山紫水明」の風景鑑賞の型、すなわち鴨川西岸（右岸）の三本木から夕刻の東山・鴨水の風景を眺める、という具体的な情景描写を継承した使用例であると解釈できた。ただし、旧来の風景鑑賞の型を単純に継承した例だけでなく、その風景美を見る心や精神性に着目したもの、近代化によってもたらされた新しいまなざしに基づき「山紫水明」の風景の変革を試みたもの、「山紫水明」の景の生成原理である地質や水蒸気などに着目し、風景の美への感動と科学的理解の統合や時代を超えた京都の風景美の不変性に言及したもの、など、近代化によって新しく起こった自然風景観のもとでその風景表象の再解釈が行われていたことがうかがえた。まったく同時期に、前時代的な風景観として受け止められていたとみられる「東山鴨水」とは、まさに対照的である。

表1　「山紫水明」の登場する京都を題材とした文学作品一覧

著者	作品名	発表年	「山紫水明」の用例
せいけん居子（三宅青軒）	「京繁昌記」	1895（明治28）年	東山・鴨水の夕景を形容する語として
三宅青軒	「詩の京都」	1902（明治35）年	
池邊義象	「京都の秋」	不明	京都の典型的な風景美の代名詞として
高安月郊	「紫の都」	1911（明治44）年	「山紫水明」の風景美を見る心への着目
野口米次郎	『自然禮讃読本』「京都」	1933（昭和8）年	
堀江松華	「絵画としての京都の山水」	1902（明治35）年	新たな「山紫水明」の美を発見しようとするまなざし
小島烏水	『日本山水論』「山と紫色」	1905（明治38）年	「山紫水明」の景の生成原理に対するまなざし
藤岡作太郎	『国文学全史　平安朝編』「平安城」	1905（明治38）年	

45）林倫子「近代文学にみる『山紫水明』の風景」,『関西大学東西学術研究所紀要』, 第55輯, pp. 43-61, 2022年

　ここで強調しておきたいのは、これら 8 作品はいずれも東山と鴨川の
情景描写として「山紫水明」の語を用いているものの、鴨川西岸の遊所
やその文化には、その前後の文脈も含めて一切触れていない点である。
「東山鴨水」が「秀麗なる國土山川の美と民族傳來の生活との美妙神祕な
る芸術的調和」であるために不可欠な存在、と荷風に言わしめた「脂粉
の気」による風趣は、これらの作品の「山紫水明」には一切見当たらな
い。「山紫水明」の風景表象に内包された、眼前の山水美を写実的に捉え
て表現するという頼山陽の風景観察的態度は、後年に風流・風雅という
評価を得て、山水美そのものへの興味や、それを解する詩の心への着目、
山水美を通して感じられる古都の歴史性（ただしそこには遊所としての
名所観は含まれない）への憧憬へと、発展していったといえるだろう。

5　京都都市計画における 「山紫水明」 と 「東山鴨水」 の解釈

　京都では 1922（大正 11）年に、京都市とその周辺地域にまたがる都
市計画区域が設定された。京都都市計画の特徴は、「公園都市」像を提示
し、都市計画区域内に周囲の山地を大きく取り込んで、それらの山地部
や鴨川とその沿岸を風致地区に指定し、保全しようとしたことにある。
この風致地区やその保全にまつわる言説には、「山紫水明」の語が盛んに
用いられていたことが確認できる。近代的まなざしによって再解釈がな
されていった「山紫水明」の風景表象が、風致地区指定に携わった都市
計画技師や事務官たちの間でどのように解釈されていたのか。現在一般
的に認知されている「山紫水明」の解釈に直接的につながる物語として、
最後に取り上げたい。

まず、「京都都市計画風致地区指定理由書」[46]では、京都における風致保全の意義について、

　　京都市ハ古来山紫水明ノ地トシテ知ラレ、而モ古キ歴史ヲ有シ、他ニ類例ヲ見ザル優雅ナル都市トシテ其ノ美ヲ誇リ以テ今日ニ至リタルモノナルヲ以テ、其ノ特色ヲシテ永遠ニ保持スルハ京都都市計画上最モ重要ナルモノトス　（読点は筆者付す）

と説明されている。1923（大正12）年より公園と風致地区に関する調査に携わったという京都植物園技師野間守人[47]もまた、

　　今京都の地形を大観するに所謂山河襟帯を為す翠巒は東北西三方を囲繞し、鴨桂の清流は其の懐を南流して、山紫水明の標語は京都の地象に冠せられた名称で、東山三十六峰を始めとし、古来詩文に謳はれたる名勝少しとせず、…（後略）

と述べている。いうまでもなく、これらの「山紫水明」は山水美一般という観念的解釈である。3章で取り上げた『京都名所図会』[48]が、京都の地理や自然美を巨視的に表現するための定型句として東山および鴨川を挙げていたのと同様の狙いで、東山や鴨川にゆかりを持つ「山紫水明」の語を示したのであろう。そしてこれらの言説では、「山紫水明」を「古来」より京都の地象に冠せられた名称として説明する。この「古来」という表現について、京都府土木部発行のパンフレット『風致地区に就いて』には、「京都は桓武天皇の遷都から明治維新まで悠久千百年、山紫水

46）『第十回都市計画京都地方委員会議事速記録』, 1929（昭和4）年11月11日, p.43
47）野間守人「風致地区の設定と京都の自然美保勝論」, 『都市公論』, 12(4), pp.11-15, 1929年
48）清水紫蝶著・金子静枝閲『京都名所図会』, 笹田栄寿堂, 1895年

明の聖地と謳はれ…（後略）」[49]とさらに踏み込んだ歴史解釈もみられる。ここまで見てきたように、「山紫水明」が江戸後期の造語であることを考えると、これらは必ずしも歴史的に正確な記述ではないかもしれない。とはいえ、漢詩文学に由来する「山紫水明」の語を京都の山水美の象徴として示すことで、保全対象となる山地と河川を京都の歴史的・伝統的な美のひとつとして価値づけようとした意図は理解できるだろう。なお、このような「山紫水明」の解釈が当時の京都の風致保全に関する言説では一般的になっていたようで、「京都の誇りである風致問題について非常に頭をなやまし保存に全力をつくしてゐた」七代目小川治兵衛も生前、「京都を昔ながらの山紫水明の都にかへさせねばならぬ」と語っていたという[50]。「山紫水明」は、京都という土地が時代を超えて有する根源的な山水美のポテンシャルとして認識され、京都の自然環境を急激な開発圧力から守るための論理に積極的に用いられたことがわかる。

　一方、京都という土地全体の風致ではなく、「山紫水明」の語のルーツでもある東山および鴨川の風致保全に関する議論では、この語はどのように使用されていたのか。風致地区指定に向けた調査に関わっていた[51]京都市技師の永田兵三郎は、東山にケーブルカーや道路を建設して山上を散策地とする、そして鴨川の各所に堰堤を設けて表流水を溜めて水面を大きく確保し、一部はプールなどとしても利用するという私案を、京都日出新聞紙上で 1927（昭和 2）年と 1930（同 5）年に発表している。このうち鴨川に堰堤を設けるという提案は、以下の問題意識に拠ったものであった。

49）京都府土木部『風致地区に就いて』，p. 4，1934
50）『京都日出新聞』1933（昭和 8）年 12 月 4 日「小川治兵衛翁　造庭の一人者」，尼崎博正『七代目小川治兵衛　―山紫水明の都にかへさねば―』，ミネルヴァ書房，pp. iv-v，2012 年
51）中嶋節子「京都の風致地区指定に重層する意図とその主体」，高木博志編『近代日本の歴史都市―古都と城下町―』，思文閣出版，pp. 231-260，2013 年

我鴨川には年中全く水がない、何と云ふ殺風景な<u>山紫水明</u>であら
　う、我都の美観上、衛生上如何にも残念至極である、京の鴨川と言
　ふ名にあこがれて来る遊客は如何に失望して帰るか度々吾々の耳に
　する処である、[52]

ここで「山紫水明」の語は、鴨川の清らかな水の風景表象として用いら
れている。ただし、記事の冒頭で「京の<u>山紫水明</u>を今更礼讃せんとする
のではない」と自ら宣言しているように、そこにある風景美をただ賞賛
するのではなく、「山紫水明」の名に相応しい環境を創出してゆく必要が
あると訴えている。「山紫水明」は当時人々に享受されていた風景ではな
く、本来有すべき風景美、将来的に実現すべき理想像であった。また、
東山開発の提案については、以下のように説明する。

　　東山と鴨川とは今尚依然として其旧態を横たへ、あるが儘に放任
　されて居るが時代は既に〳〵移り進んでゐると思ふ、四條橋畔の「菊
　水」白川口の「曙」三條橋畔の某銀行の建物を透して見た東山の眺
　めは最早や所謂京の景色ではない、
　　…（中略）…
　　人或は曰はん「東山は眺める山で登る山ではない」と或は然らん。
　然れども眺める山を眺める山として於いて、更に登る山として利用
　する事に何程の不都合があらうか、否寧ろ、そうすることが東山を
　してより一層東山たらしむる方法ではないか、私は今日窮屈な考へ
　を持つて東山に対したくないのである。木屋町黨や四畳半主義から
　脱して昭和の市民として考へたいと思ふのである、[53]

文中の「四畳半主義」「木屋町黨」とは、文中に明示はされていないもの

52）永田兵三郎「京の山と京の川（下）」,『京都日出新聞』, 1927 年 1 月 10 日
53）永田兵三郎「京の山と京の川（上）」,『京都日出新聞』, 1927 年 1 月 6 日

の、鴨川西岸の遊所からの眺めを愛好する前時代的な風景鑑賞態度、つまり先述の「東山鴨水」の風景鑑賞の型を揶揄した表現であろう。

これらの永田の提案に対し市村光恵（京都帝大法学博士、1927（昭和2）年8月20日〜11月13日京都市長）は、同じく京都日出新聞に反論記事を寄せた[54]。まず「山紫水明を誇る京都市は、今や一面其の水明観を失つて鴨川の水は濁つて加ふるに臭気紛々たり。山紫を誇る東山も何時其山容を一変して双美廃滅に帰する時が来るかも知れぬ」と述べた。そして、「東山は京都の街から眺める山であつて京都市を下瞰する展望台でない」、「東山の頂上から市中を下瞰することを便にせんが為めに東山第一の使命たる京都市中からの眺望の姿を全然破壊するに至ること」はあってはならないとし、むしろ「京都市中からの眺望の姿」をこそ第一に考えねばならないと訴えた。ただし、ここで市村のいう「京都市中からの眺望」には、「東山鴨水」と密接な関係にあるとして荷風が重視した遊所文化への言及は全く見られないので、往時の名所としての「東山鴨水」の風景鑑賞の型とは厳密には異なっている。

つまり、永田と市村の意見書にみる「山紫水明」は、いずれも東山と鴨川の山水美そのものであり、それは京都という都市が有すべき理想像として理解されていた。その美を創出しかつ市民が享受するにあたって、永田は、鴨川西岸から山を眺望するという前時代的な「東山鴨水」と同じ風景鑑賞の型にのみとどまる必要はないと主張したのに対し、市村は、その風景鑑賞を阻害する可能性のある開発は避けるべきであると主張して、論争となった。しかし両者はいずれも、「市中からの眺め」を単なる山水美の鑑賞行為と認識しており、「東山鴨水」の背後にあった名所観はきれいに消え去っているという点では一致している。

以上を通して見えてくるのは、大正の終わりから昭和初期にかけて欧米の都市計画や公園整備思想が広まり、我が国の風致思想や自然美の楽

54）市村光恵「東山に関する永田氏の意見を読みて」、『京都日出新聞』、1927年1月13日、同15日

しみ方に大きな変革が起きたことによる、「山紫水明」と「東山鴨水」の風景表象の解釈の変化である。「東山鴨水」の風景表象はその名所の文脈を外れ、その呼称も失われたが、鴨川西岸（右岸）という特定の視点場からの眺めの型として議論されていった。「山紫水明」の風景表象は、京都においてその山水美の歴史的・伝統的価値を表わす語として解釈されつつも、伝統的な風景鑑賞の様式には必ずしも捉われない、「新しい風景観のもとで歴史的な山水美を表わす語」として重宝されていたことがわかる。

6 まとめ

本稿のまとめとして、ここまでに述べてきた「東山鴨水」と「山紫水明」の二つの風景表象について、改めて整理する。

「山紫水明」の語を生んだ頼山陽は、東山と鴨川の眺めそのものを「東山鴨水」と表現したが、これは漢学に親しむ文化人たちの間で共有されていた、定型化・形式化された風景表象であった。一方で、夕刻の空と光に映る東山と鴨川の情景を、自身の風景観察に基づき「山紫水明」と表現した。（2章）

明治期に多数発刊された名所案内記および繁昌記ものにみられる「東山鴨水」は、巨視的視点から京都の地理や自然美を表現する際に用いられたほか、より一般的には、鴨川西岸（右岸）の遊所からの東山および鴨川の眺めを指す、近世由来の遊所文化や名所観と密接に結びついた風景表象であった。おそらく明治30年代後半以降のことと思われるが、これらの遊所文化や名所観の衰退に伴ってその風景表象は衰退していき、永井荷風が京都を訪れた1922（大正11）年当時には、前時代的な風景観とも認識されていた。（3章）

それに対して「山紫水明」の語は、名所案内記および繁昌記ものでは山紫水明処の営まれた三本木の説明にのみ登場し、眺めの構図としては

「東山鴨水」の風景表象と同じであったが、遊里文化から距離のある、風雅・風流なイメージで受け止められていた。その他、中国の詩文で山水美を褒める語として用いられる「山紫」と「水明」を合わせた造語であることから、頼山陽の用例に捉われず字面の通りに山水美の表現としても用いられ、辞書的にはそちらの解釈が主流となり風景学にも取り入れられた。京都を題材とする文学作品では、頼山陽による「山紫水明」の風景鑑賞の型を継承しつつも、近代化による新しい自然風景観のもとでその風景表象の再解釈が行われたが、その際には「東山鴨水」の風景に欠かせないとされた遊里文化への言及は一切見られなかった。（4章）

　京都都市計画の風致保全に関する議論では、漢詩文学に由来する「山紫水明」の語をその山水美の歴史的価値を表わす語として解釈しつつも、しかし伝統的な風景鑑賞の様式には必ずしも捉われない、「新しい風景観に則りつつも歴史的な山水美を表わす語」として重宝していた。鴨川界隈では、かつての「東山鴨水」と同じく鴨川西岸からの眺めに価値を見出されていたが、それはかつてのような遊所文化とは切り離された、単なる眺めの型として議論された。（5章）

　以上のような変遷の末に、「山紫水明」は、近代的な風景観に基づく「《歴史的な》山水美」の表現として市民権を得ていき、「東山鴨水」は、その表現自体は使われなくなったものの、鴨川西岸（右岸）からの眺めの構図や型として後年に継承された、と結論付けることができる。なお、昭和末年頃より検討・立案された鴨川改修計画においては、鴨川西岸（右岸）を視点場とした眺めにおいて東山と水面の近接性を確保することにより、「山紫水明の都の景観」の実現を目指した。この「山紫水明の都の景観」のアイデアは、基本断面の設計や鴨川東岸線（川端通）の遊歩道である「花の回廊」のデザインコンセプトに結実した[55]。したがって現代

55）栢原佑輔・林倫子・尾崎平「都市と川との一体性という観点からみる京都鴨川改修計画の景観設計の変遷」、『土木学会論文集D1（景観・デザイン）』、Vol. 76, No. 1, pp. 1-12, 2020年

の「山紫水明」は、「東山鴨水」の眺めの構図を再び飲み込み発展を遂げた風景表象、といえるかもしれない。

謝辞：本研究は JSPS 科研費 JP20K06115 の助成を受けたものである。

自然の風景表象と風景の政治学

西 田 正 憲

はじめに

17世紀までのヨーロッパの人々は眼前に眺めるアルプスを暗黒の山と捉えていたが、18世紀になると栄光の山と捉えるようになる[1]。アルプスの風景がネガティブな意味からポジティブな意味に反転する。アルプスの風景表象が反転したのである。わが国では身近な山を神奈備山や水分山として崇めたり、奥深い山を神仏習合の地として神聖視したり、火山や高山を畏怖して名山として崇敬してきた。わが国の山岳の風景はかつて宗教的な意味に満ちていたのであり、人々は山岳にそのような風景表象を見出していた。

風景表象の語は多義にわたるが、本論では、風景表象とは風景が表わす意味、風景によって表される意味と考えたい。この風景は、言説、図像、映像などで表現された風景を指す場合もあれば、眼前に知覚する風景を指す場合もある。

瀬戸内海の風景の特徴について、湖のようなおだやかな内海、無数にちりばめられた島々、川のように潮が流れる海峡、白砂青松の海浜、ただよう靄や落日の多島海、山あいの入江にたたずむ古い港や町並み、繊細な段々畑や傾斜畑、漁をして群がる帆掛船、白亜の燈台や港の夜景な

---

1) ニコルソン、マージョリー、小黒和子訳『暗い山と栄光の山』（国書刊行会、1989年）、西村孝彦『文明と景観』（地人書房、1997年）に詳しく論じられている。

どと語られる。瀬戸内海がこのような表象をもつようになったのは、19世紀末から20世紀初頭にかけての明治後期のことであった[2]。近代になって瀬戸内海は、一つのまとまりのある独特の風景をもつ場所として、新たな表象を生成したのである。

風景表象を分析するには、言説、図像、映像において風景がどのように捉えられ、どのように表現されているかを分析する方法がある。紀行文や小説などの文学、宗教画や風景画などの絵画、写真や映画などの映像の分析である。さらに、観光や景観保護の分析も有効であろう。観光のまなざしがどんな風景に向かっているのかを分析することは人々がどんな風景表象を得ようとしているのかを明らかにしてくれる。景観保護には多様な手法や制度があるが、それぞれが評価し保護している風景を分析することも人々がどんな風景表象を得ようとしているのかを明らかにしてくれる。

人々が自然に対してどんな風景表象を得ようとしたか、その典型的な例としては、ヨーロッパの古典的風景（ウェルギリウス的風景）、崇高、ピクチャレスク、ロマン主義的風景（ワーズワス的風景）、アメリカのウィルダネスをあげることができる[3]。これらは田園風景、山岳風景、湖水風景、原生風景などに対して得た風景の意味つまり風景表象である。これらの風景表象は抽象的な概念で語られるが、風景表象には具体的な相貌から抽象的な概念までの次元がある。換言すれば、風景の意味には自然そのものに近い具体的意味から自然そのものに遠い抽象的意味まで諸相があるといえる。

わが国の賛美すべき自然の風景表象は、近代になって志賀重昂（1863-1927）が美、瀟洒、跌宕と抽象的な概念で語ったが、近世以前は具体的な言葉で語られた。豊葦原、潟、雪月花、花鳥風月、深山幽谷、白砂青松、長汀曲浦、奇岩怪石、山紫水明や八景の落雁、帰帆、晴嵐、暮雪、

---

2) 西田正憲『瀬戸内海の発見』（中央公論新社、1999年）に詳しく論じられている。

3) 西田正憲『自然の風景論』清水弘文堂書房、2011年、113-166頁

秋月、夜雨、晩鐘、夕照などである。

　本論では、まず前提となる風景の基本的問題に言及したうえで、わが国の賞賛された自然風景として近世以前の歌枕の風景、見立ての風景、八景の風景と近代以降の国立公園の風景をとりあげ、風景表象の観点からそれぞれの特質を論じるとともに、風景評価には複雑で多様な諸力が働くという風景の政治学において、国立公園を事例に自然風景が政治的表象を表わすことを明らかにしたい。

1　伝統的風景と近代的風景

　風景表象とは風景が表わす意味であると考えるならば、ここには記号論の構造を読み解くことができる。風景は意味するもの（シニフィアン・記号表現）であり、風景表象は意味されるもの（シニフィエ・記号内容）であり、その風景を呈する場所は指示対象（レフェラン）である。

　近世までのわが国の人々は当時の一大名所である須磨や明石を訪れて、柿本人麻呂の和歌や源氏物語の世界を想起していた。また、近世の朝鮮通信使は鞆の浦を訪れて、中国の岳陽楼から見る洞庭湖の風景を想起していた。すなわち、須磨明石や鞆の浦という場所で見ていた風景は、実在の風景ではなく、国文学や漢文学の言葉の世界で紡がれてきた観念の風景である。シニフィアンである「須磨」「明石」や「鞆の浦」によって意味されるシニフィエは文芸的な内容であった。実在の風景であるレフェランの相貌はもはや問題ではなく、シニフィアンとシニフィエで文芸的世界は完結していた。須磨明石や鞆の浦を旅する紀行文を読んでいても、文芸的世界をしるすばかりで、実際の風景がどうだったのかはまったく伝わってこない。しかし、近代以降は実際の風景が重要となってくる。

　近世以前の風景を伝統的風景、近代以降の風景を近代的風景とよぶな

らば、伝統的風景はシニフィエを重視したものであり、近代的風景はレフェランを重視したものであった。柄谷行人が『日本近代文学の起源』において「風景」が日本で見出されたのは明治20年代であると述べたのは[4]、文学における表現の問題ではあるが、それは近代的風景の発見に通じるものである。柄谷の論考において厳密にいえば、伝統的風景は「風景」とはよべないのであろう。ヨーロッパでは「風景」という概念はきわめて近代的な概念なのであり、その「風景」がわが国に入ってきたのは近代なのである。しかし、本論では、オギュスタン・ベルクに従い、わが国とヨーロッパとは異なるのであり、伝統的風景も近代的風景も共に風景だとして論じたい。

　オギュスタン・ベルクは風景の誕生には風景の知の存在が不可欠だと説く[5]。風景の知には「風景的な知」と「風景についての知」があり、風景的な知として①場所の美しさを歌う文学や地名表現、②観賞用の庭園、③眺望を享受するように設えられた建築、④環境を表現する絵画、そして、風景についての知として⑤「風景」を表す単語もしくは語句、⑥「風景」についての明白な反省、の6点の基準をあげる。風景の誕生にはこの6点の基準を満たさなければならないと説く。すなわち、風景を観賞し、享受し、それを「風景」という語に表し、風景について意識して考えることがあってはじめて風景が生成するのである。ベルクはこの基準に従うと、中国の4世紀の書家王羲之（303-361）が「山水」という語で風景の意味を表わしていたこと、5世紀の画家宗炳（375-443）が画論『画山水序』で風景を論じていたことをもって、5世紀の中国で風景は誕生していたと指摘する。

　近世以前の日本は中国文化の影響下にあったのであり、日本における風景は中国のそれと同様であったろう。日本には自然観照の伝統があり、文学ではすでに「景色」の語は用いられていたし、「風景」の語も中国か

　4）柄谷行人『日本近代文学の起源』講談社、1980年、17頁
　5）ベルク、オギュスタン　木岡伸夫訳『風景という知』世界思想社、2011年、50頁

ら伝わっていた。風景に関する抽象的な思惟は生まれなかったが、風景について意識して思いをめぐらしていた。このように考えるならば、わが国において、近世以前の伝統的風景を論じることは近代以降の近代的風景を論じることと同様に妥当であろう。

2 歌枕と見立ての風景 —— 自然風景の伝統的表象 ——

近世以前に価値付けられたわが国の典型的な自然風景として、建保名所百首、八景、三処奇観（日本三景）、日本十二景、大日本六十余州名所図会などをあげることができる。和歌、漢詩、地誌、紀行文、浮世絵などで表現された風景である。

わが国の自然風景を最も広範に整序し編成していったのは歌枕であった。歌枕とは歌に詠む名所であり、場所の地名である。歌枕は、約千年にわたってまなざしを強く引きつづけた、わが国の伝統的風景そのものであった。歌枕は名所百首が編纂されることによって13世紀にひとつのピークに達する。名所百首とは、全国の歌枕の地を100カ所選定して、和歌を詠んだものである。いわば当時の日本百景である。1215（建保3）年に、順徳院（1197-1242）の命で編集した和歌集『建保名所百首』（内裏名所百首）は、順徳院、藤原定家など12人の歌人が全国100カ所の名所を詠んだ計1200首の和歌を収める歌集である。順徳院は当時天皇であり、のちに佐渡島に配流され没する。順徳院の名は没後に与えられた諡である。名所は表1のとおり畿内とその近隣にあたる現在の京都、奈良、大阪、兵庫、滋賀、和歌山の名所が多数を占めるが、東北の塩竈浦、阿武隈河、白河関や、関東の筑波山、伊香保沼、武蔵野などが入っている。のちに日本三景となる松島と海橋立（天橋立）も含まれている。

近世から近代にかけて見立ての風景が全国に普及した。見立ての風景とは、風景の規範となる原型があり、それに似ていると見なすことによ

表1 建保名所百首の歌枕100カ所（地域別表示）

旧国名	歌枕
山城・丹後 （京都）	音羽河　大井川　美豆御牧　水茎岡　小倉山　宇治河　常磐杜 清滝河　小塩山　伏見里　鳥羽　嵯峨野　大江山　海橋立
大和 （奈良）	春日野　三輪山　葛木山　手向山　天香九山　泊瀬山　竜田山 三室山　高円野　伊駒山　石瀬　益田池　芳野河　飛鳥河　辰市
摂津・和泉・河内 （大阪）	三島江　猪名野　芦屋里　水無瀬河　難波江　阪磨浦　生田池 住吉津　田簑島　高師浜　布引滝　長柄橋　三津浜　信太社 吹飯浦　交野
播磨・近江・紀伊 （兵庫・滋賀等）	高砂　明石浦　飾磨市　志賀浦　伊吹山　野島崎　鏡山　守山 会坂関　吹上浜　湯等三崎　磯間浦　三熊野浦　若浦
駿河・伊勢等 （静岡・三重等）	宇津山　清見関　浮島原　不尽山　浜名橋　佐夜中山 志香須香渡　阿波手杜　鳴海浦　伊勢海　大淀浦　御裳濯河 二見浦　鈴鹿河　生浦
陸奥・出羽 （東北）	塩竈浦　忍山　末松山　宮城野　白河関　阿武隈河　安達原 霞浦　安積沼　松島　緒断橋　名取河　玉河里　袖浦
その他	佐良科里　武蔵野　筑波山　角田川　伊香保沼　佐野舟橋　還山 因幡山　松浦山　玉島河　有乳山　田籠浦

って、意味付け、価値付けられた風景である。一面で本物に対する偽物であるといえるものの、本物が傑出しているので、それに似ていることで価値をもつこととなる。あらかじめ原型があり、原型に似た風景を評価するのであり、決められた表象を表わす風景を見出していくこととなる。はじめに表象ありきで、表象が実景に先行しているといえる。主な見立ての風景を表2にまとめた。現代においてもなじみのある事例は、志賀重昂が『日本風景論』（1894）で述べていた全国各地にある無数の見立て富士（郷土富士・ご当地富士）である[6]。地方には必ず郷土の富士山がある。富士山こそ世界に誇る名山であり、そのコピーも郷土の誇りなのである。

　耶馬渓式風景も同様である。漢詩文の泰斗頼山陽（1781-1832）が1818（文政1）年に豊前山国川を「耶馬渓」と命名し、『耶馬渓図巻』として

6）志賀重昂『日本風景論』岩波書店、1996年、320頁

表2　見立ての風景

原型	主な見立ての風景		
富士山	蝦夷富士（羊蹄山）　津軽富士（岩木山）　出羽富士（鳥海山） 榛名富士（榛名山）　日光富士（男体山）　越後富士（妙高山） 近江富士（三上山）　伯耆富士（大山）　讃岐富士（飯野山） 薩摩富士（開聞岳）		
耶馬渓	北耶馬渓（豊平峡）　東北の耶馬渓（抱返り渓谷）　東の耶馬渓（猊鼻渓） 関東の耶馬渓（吾妻峡）　信州耶馬渓（内山峡）　信濃耶馬渓（布引渓谷） 関西の耶馬渓（香落渓）　山陰の耶馬渓（立久恵峡） 安芸の耶馬渓（深山峡）　長門耶馬渓（長門峡）　筑紫耶馬渓（釣垂峡）		
松島	関東の松島（五浦海岸）　伊豆の松島（堂ヶ島）　越前松島（東尋坊） 丹後松島（丹後半島海岸）　山陰松島（浦富海岸）　西の松島（須佐湾） 阿波の松島（橘湾）　薩摩松島（八代海）		
アルプス	東北アルプス（朝日・飯豊連峰）　東アルプス（奥秩父山地） 頸城アルプス（妙高山・雨飾山等）　北勢アルプス（鈴鹿山脈） 大和アルプス（大峰山脈）　四国アルプス（四国山地） 洋上アルプス（屋久島）		

漢詩と南画で絶賛したことによって、以後各地に耶馬渓式風景が見出される。同様に日本三景の松島の見立ても多い。近代に讃えられた日本アルプスも見立ての伝統を継承した風景である。北アルプスの飛騨山脈、中央アルプスの木曽山脈、南アルプスの赤石山脈からなる日本アルプスとは、ヨーロッパのアルプスに似ていることを指し、それゆえ風景の価値を有し、逆にヨーロッパアルプスこそが風景の世界的規範であることを意味している。日本アルプスと命名したのは明治初期のお雇い外国人ウィリアム・ガウランド（1842-1922）であり、普及したのはのちに日本アルプス登山の父と仰がれたウォルター・ウェストン（1861-1940）であった。日本アルプスほど知られていないが、全国には多数のアルプスがある。

　このような見立てによる風景の意味付け・価値付けはこのほかにも、日本のライン川である志賀重昂命名の日本ライン（木曽川）、日本の地中海とよばれた瀬戸内海、全国の小京都などと脈々と引き継がれる。見立ては全国レベルで行われるので一見ナショナルな風景を求めているかの

ようではあるが、内実はローカルな風景を浮かびあがらせ、その価値付けを広く普及することにある。

　見立ての風景としてわが国でもっとも普及したのは八景であった。現代では忘れさられてしまったが、近世から近代にかけて全国に広まった。わが国の八景といえば近江八景と金沢八景が有名である。一説には、近江八景が室町時代の16世紀初め、金沢八景は江戸時代の17世紀に成立したという。京都に接する近江も現在の横浜に位置する金沢も旅人が行きかう地であった。八景は中国湖南省に位置する瀟湘八景に由来している。洞庭湖における瀟湘の八つの風景である。瀟水と湘水の二つの川が合流して洞庭湖にそそぐ名勝の地であり、古くから詩歌や絵画の主題にとりあげられた。絵画は北宋時代の11世紀後半に画家の宋迪（生没年不詳）によって瀟湘八景図が広まった。わが国には鎌倉時代の13世紀から室町時代の14世紀にかけて絵画と詩歌で受容されたと推測される。のちにわが国に普及する漢詩は原則として漢字2文字の地名8カ所に季節や1日のうつろいなどを表す2文字の景物を添えて名所を表している。もとの瀟湘八景では、地名は広域の「洞庭」「瀟湘」のみの2カ所で、その他は場所を特定しない普通名詞である。わが国の特徴は、景物に合わせて、地名を特定することにあった。景物が固定され、それに見合った地名を選ぶことから、各地に適用されたのであり、何よりも落雁、帰帆、晴嵐、暮雪、秋月、夜雨、晩鐘、夕照という景物が日本の風土と日本人の情感に合うものであったので、より流行したのであろう。これもまた景物という風景表象が実景に先行していた。

　八景の選定は全国各地で漢学者・漢詩人によって行われた。近現代の漢詩人・文筆家の国府犀東（1873-1950）も各地を訪れ、八景を選んでいた。例えば、1926（大正15）年の鳥取県の浦富八景、1930（昭和5）年の岡山県の下津井八景など数多く選定していた。それぞれの八景は表3のとおりである。浦富や下津井の八景の選定では、国府は地元の人の案内で現地を見てまわる。八景の8カ所は地元の人でなければわからな

表3　八景の地名と景物

瀟湘八景	近江八景	金沢八景	浦富八景	下津井八景
平沙落雁	堅田落雁	平潟落雁	睡鴨磯落雁	松島落雁
遠浦帰帆	矢橋帰帆	乙艫帰帆	屏風岩帰帆	六口帰帆
山市晴嵐	粟津晴嵐	州崎晴嵐	龍神洞晴嵐	鷲羽晴嵐
江天暮雪	比良暮雪	内川暮雪	千貫松暮雪	白峯暮雪
洞庭秋月	石山秋月	瀬戸秋月	荒砂祠秋月	筆海秋月
瀟湘夜雨	唐崎夜雨	小泉夜雨	虚空蔵夜雨	祇園夜雨
烟寺晩鐘	三井晩鐘	称名晩鐘	菜種島晩鐘	観音晩鐘
漁村夕照	瀬田夕照	野島夕照	蔵王島夕照	水島夕照

い場所があり、おそらく地元の人の推薦があったのか、あるいは、地元の人が八景詩の案を作っていたのであろう。地元にとって有名な文化人の命名が大切であり、そうすることによって場所の名所化、地名のブランド化が図られた。

　しかし、八景の選定には無理があった。実際、国府犀東が選んだ山陰の浦富八景は、現地におもむけばよくわかるが、鴨ヶ磯の落雁、城原海岸菜種島の晩鐘は実景としてはあり得ないと思われる。山陽地方の下津井八景も雁が飛ぶ松島、暮れなずむ雪景色の白峰は瀬戸内海の実景としてはふさわしくない。そもそも山陰と山陽の風景が同じ景物というのも基本的に無理があろう。むしろ、浦富や下津井の風景は、八景の浦富や八景の下津井ではなく、山陰海岸の浦富や瀬戸内海の下津井の方がふさわしく、現在は共に山陰海岸国立公園と瀬戸内海国立公園になっている。すなわち、現代のわれわれは八景の表象よりも国立公園の自然風景の表象の方がうけいれやすいのである。それは、八景が実際の風景ではなく、観念の風景であるからである。

　八景はわが国の全国各地に広まりすぎるくらい広まった。しかし、明治後期、新しい近代的風景が台頭してくるにつれてその形骸化の弊害や陳腐さがうとまれだした。ある意味では、押しつけがましい型にはまった見方が、新しい風景を求める眼には鬱陶しくなったのである。小説家

の尾崎紅葉（1868-1903）は、1899（明治32）年に新聞に連載され、没後の1904（明治37）年に出版された紀行文『煙霞療養』のなかで次のとおり八景の乱造を嘆いていた[7]。

何処へ往つても些と風景が好ければ食物に蝿の簇るやうに、直に八景が附いて居るが、元来八景は天下に二つのもので、曰く瀟湘八景、是が古渡の原物で一つ、曰く近江八景、是が模造で一つ、此外には決して八景有る可からずで、琵琶湖のですら実は持余して居るのであるから、模造の又模造の次第に粗製乱造などは俗の尤も甚しきもので、山水は指名点呼に因りて検閲すべき者にあらざるを知らざる可からず。

中国史の大家内藤湖南（1686-1934）もまた、中国の八景は評価したが、日本の八景については批判的であった。1927（昭和2）年に新聞に連載され、1930（昭和5）年に『日本文化史研究』の「日本風景観」として出版された文章で、次のとおりしるしていた[8]。

本来の瀟々八景は洞庭湖附近のありふれた景色の中に景趣を求めようといふ考へであるが、近江八景は限られた場所に特別な景色を求めようとする考へで、本来の融通のきく流動した考へを拘束された考へにかへたやうになつてゐる。（中略）芸術的自由の考へから見れば、かくの如き変化は少からず不満に思はれるのである。

わが国の八景は、当初景物を固定することで普及したが、西欧の近代的風景観が入ってくると、今度は景物の固定が嫌われ、衰退していったのである。

しかし、八景は新たな発想で甦る。1927（昭和2）年の東京日日新聞社・大阪毎日新聞社の「日本八景」の選定である。八景を地形などの山岳、渓谷、瀑布、河川、湖沼、平原、海岸、温泉と考え、日本一の新た

---

7) 尾崎紅葉「煙霞療養」『明治文学全集94　明治紀行文学集』筑摩書房、1974年、125頁

8) 内藤虎次郎「日本文化史研究」『世界教養全集17』平凡社、1963年、207頁

な風景を国民の応募で選んだのである。昭和元年は一週間しかなく、昭和2年が事実上の新時代の幕開けであり、しかも、経済不況とも重なり、国民や地方公共団体は新たな希望を求めて、お国自慢の風景を売りだそうと熱狂した。日本八景は自然科学によってわが国の風景を捉え直した点において画期的であったが、その中心は地域振興や外客誘致につなげていこうとする観光への志向が最も強かったといえる。結局、国民的過熱から八景にとどめることはできず、二十五勝、百景と合計133カ所を選ぶ。1位となった八景は温泉岳（雲仙岳）、上高地渓谷、華厳滝、木曽川、十和田湖、狩勝峠、室戸崎、別府温泉である。この選定は、雲仙、上高地、華厳滝、十和田湖の例が示すように、1934〜36（昭和9〜11）年のわが国最初の国立公園につながり、新しい自然風景、新たな観光地を生みだした。

3　国立公園の風景表象 ── 自然風景の近代的表象 ──

近代になると国家が自然風景を価値付け、権威付ける。封建時代の幕藩体制とは異なる近代的な国民国家となり、アジアの覇者となろうとしていた日本は自然風景の制度化についても欧米を範にする。欧米にならい、国家レベルで、近代的な法律によって自然風景を制度化するのである。1919（大正8）年の史蹟名勝天然紀念物保存法制定による名勝の指定と1931（昭和6）年の国立公園法制定による国立公園の指定が法律による自然風景の制度化の始まりである。

国立公園とは自然公園法（国立公園法の後継法）に規定された「我が国を代表するに足りる傑出した自然の風景地」である。1930年代に12カ所の国立公園が誕生し、その後変遷を重ね、2022（令和4）年現在、大雪山、富士箱根伊豆、瀬戸内海、阿蘇くじゅうなど34カ所、国土面積

の5.8%が指定されている[9]。年代別の国立公園の指定は表4のとおりである。

　わが国の国立公園は、19世紀にアメリカで生まれた、原始的な自然を守り、野外レクリエーションの場とすることを目的とする「ナショナルパーク」の制度を移入したものである。その発端は1911（明治44）年、第27回帝国議会に提出された「国設大公園設置ニ関スル建議案」、1912（明治45）年、第28回帝国議会に提出された「日光ヲ帝国公園トナスノ請願」などに確認されているが、この動きは大きく盛りあがることはなかった。

　「国立公園」はその概念が曖昧なまま、国立公園候補地の調査が、内務省衛生局保健課によって、内務省嘱託の林学博士田村剛（1890-1979）を中心に1921（大正10）年から行われた。田村はのちに「国立公園の父」とよばれる。調査の初期の段階で国立公園候補地16カ所が選ばれ、この

表4　国立公園の指定

年代	国立公園
1930	瀬戸内海　雲仙(天草)　霧島(錦江湾)　阿寒(摩周)　大雪山　日光　中部山岳　阿蘇(くじゅう)　富士箱根(伊豆)　十和田(八幡平)　吉野熊野　大山(隠岐)
	(植民地台湾：大屯　次高タロコ　新高阿里山)
1940	伊勢志摩　支笏洞爺　上信越高原
1950	秩父多摩(甲斐)　磐梯朝日　西海　三陸復興[陸中海岸]
1960	白山　山陰海岸　知床　南アルプス
1970	西表(石垣)　小笠原　足摺宇和海　利尻礼文サロベツ
1980	釧路湿原
2000	尾瀬[日光]
2010	屋久島[霧島屋久]　慶良間諸島　妙高戸隠連山[上信越高原]　やんばる　奄美群島

（注）（　）は後に追加された名称。[　]は当初の名称。

9）西田正憲編著『国立公園と風景の政治学』（京都大学学術出版会、2021年）に国立公園の変遷について詳しく論じられている。

16 カ所について現地調査が進められる。現地調査は、関東大震災によっ
て中断されるものの、1925（大正 14）年まで続けられる。1929（昭和 4）
年、機運が高まり、国立公園協会が活動を始め、雑誌『国立公園』が発
刊され、世論も盛りあがる。1930（昭和 5）年、内務省は国立公園調査
会を設置し、国立公園誕生に向けて本格的に始動する。1931（昭和 6）
年、国立公園法が制定される。

　国立公園創設に向けて本格的に動きだした背景には昭和恐慌とよばれ
る深刻な経済不況があった。国立公園は地方の観光振興や外客誘致に寄
与すると考えられた。また、内務大臣の安達謙三（1864-1948）の力も
あったと推測できる。1929（昭和 4）年 7 月、立憲民政党の浜口雄幸内
閣が誕生し、安達謙蔵が内務大臣となる。浜口首相は狙撃事件で倒れる
ものの、安達は内務大臣を続行し、1931（昭和 6）年 4 月の若槻礼次郎
内閣においても、内務大臣に任命され、同年 12 月の立憲政友会の犬養毅
内閣の政権交代まで内務大臣を務める。彼の在任中に国立公園法案作成、
衆議院での審議、貴族院での審議、国立公園法公布・施行と進んだ。彼
は大臣ではあったが、国立公園調査会と国立公園委員会の会長を務め、
審議にそれなりに関わっていた。選挙の神様とよばれた安達は世論に敏
感であり、経済不況下において国立公園創設の機が到来したと読んだの
であろう。また、関東大震災の帝都復興が完了したことによって国立公
園創設に向かう余裕が生まれたかもしれないし、陸軍将校の農村疲弊に
対する政権批判をかわす一助となったかもしれない。実際、地方には国
立公園待望論が渦巻いていた。

　1931（昭和 6）年、国立公園法が施行されると現在の審議会に相当す
る国立公園委員会が設置され、この特別委員会によって、12 カ所の国立
公園が選定された。その後、それぞれの国立公園の詳細な区域が定めら
れ、この区域決定の事務手続きが完了した所から順次国立公園が正式に
指定された。1934（昭和 9）年 3 月に瀬戸内海、雲仙、霧島の 3 カ所が
指定され、12 月に阿寒、大雪山、日光、中部山岳、阿蘇の 5 カ所が指定

された。翌々年の 1936（昭和 11）2 月には富士箱根、十和田、吉野熊野、大山の 4 カ所が指定された。最後の 4 カ所が遅れたのは陸軍の演習地、国営の開墾、林業などとの調整に難問をかかえていたためである。わが国の国立公園はその誕生から複雑で多様な諸力のなかにあった。

　この戦前の 12 カ所の国立公園の風景は、原始性と雄大性を表わす風景であり、山岳の風景に偏っていた。理想はアルプスやロッキー山脈の高山地帯の風景であり、鋭い岩峰、高山植物、湖沼、亜高山帯針葉樹林、高層湿原などを評価していた。日本アルプス、阿寒湖、十和田湖、尾瀬、中禅寺湖などを理想的風景と考えた。一方、火山も雄大性において世界に誇るべきものと考え、古くからの名山である富士山、阿蘇、霧島も国立公園にふさわしい風景だとみなした。瀬戸内海は唯一の海洋の風景であるが、欧米人が絶賛していたから選定された。欧米人は富士山、瀬戸内海、日本アルプスなどを異国趣味、楽園幻想、ロマン主義のまなざしで絶賛し、日本人も西欧文明の一環としてその評価を受容した。風景は一度評価されると、生成の根拠を問われることなく、評価のみが独り歩きする。国立公園は自然保護を図りながら自然観光に供する場であり、そこには審美的評価が働き、12 カ所はあくまでも人々が到達できる自然観光空間であった。しかも一定面積以上のまとまりを重視し、小面積の飛地や線状の区域を避けていた。

　戦前の国立公園は厳格に限定して指定されたが、戦後、経済復興もあって、観光レクリエーションの推進と観光産業の振興のために、国立公園の新規指定が積極的に進められた。戦前に国立公園候補地になりながら選定されなかった所も指定され、飛地であっても既存国立公園の拡張として編入された。折りしも広域の周遊観光が普及しはじめ、国立公園もそれに対応するように興味地点が飛地で指定され、広域化が図られた。また、戦前の山岳重視の反動で、海岸の風景、海洋の風景も重視された。こうして、1940 年代から 1950 年代には、伊勢志摩、支笏洞爺、上信越高原、秩父多摩、磐梯朝日、西海、陸中海岸などの国立公園が生まれた。

この結果、それぞれの国立公園が多様な風景から成り立ち、統一性、完結性が弱くなり、アイデンティティが希薄になった。

1960年代になると高度経済成長によりレジャーブームが到来し、国立公園の利用者も急増する。観光道路、大型ホテル、スキー場、別荘分譲地など観光開発が大規模に進み、自然破壊を招来する。特にモータリゼーションの進展が著しく、国立公園内の亜高山帯や急峻な山岳地帯に観光道路の建設をもたらし、激甚な自然破壊を引き起こした。世論は自然保護に傾斜し、残された原生林などの厳格な保護をうったえる。ちょうどアメリカにおいて原始地域保護法が生まれ、生態学の生態系の観点も導入され、国立公園は自然性、原始性の高い自然や完全な自然生態系が主たる指定対象となっていった。知床、南アルプス、屋久島のように従来は到達性の悪さから敬遠されていた秘境がこの時期に国立公園として指定される。屋久島は飛地で霧島国立公園に編入され、霧島屋久国立公園となった。

1970年代は、電源開発や大規模工業用地の開発などの問題が起こり、当時大きな社会問題となった公害問題とともに、自然保護の運動が全国各地で活発になった。1971（昭和46）年環境庁が発足し、国立公園行政は厚生省国立公園部から環境庁自然保護局に移管される。1972（昭和47）年制定の自然環境保全法により、自然公園法は「自然環境の保全を目的とする法律」であると位置づけられる。国立公園も自然保護重視となり、自然観光空間から自然保護空間へとシフトする。国立公園は特に生態系の保全が強調されるようになり、目的の一つである利用の増進については行政の上でも消極的になった。この時期、沖縄と小笠原諸島の領土返還に伴って、西表、小笠原の国立公園が指定され、海中公園地区を重視した足摺宇和海、高山植物や湿原を重視した利尻礼文サロベツの国立公園が指定される。

そして、それまで人間を拒絶し無用の地とみなされていた釧路湿原が、1980（昭和55）年にラムサール条約（特に水鳥の生息地として国際的に

重要な湿地に関する条約）に基づく登録湿地となり、野生生物の宝庫として、1987（昭和62）年、国立公園に指定される。国立公園の思想が原生保護思想から生態系保全思想と野生生物保護思想へと拡大したといえる。

　1990年代以降、世界的潮流から生物多様性が自然環境保全の最大のキーワードになり、生物多様性の保全と持続可能な利用が最重要課題となる。自然風景地へのまなざしが生物多様性に向かい、国立公園が生物多様性確保の場として意味付けられ、価値付けられる。生物多様性は従来見過ごされていた亜熱帯照葉樹林を浮かびあがらせ、人間と共生する自然、豊かな環境文化を育む自然の評価と相まって、2016（平成28）年のやんばると2017（平成29）年の奄美群島の国立公園誕生につながっていく。この国立公園は2021（平成3）年に「奄美大島、徳之島、沖縄島北部および西表島」という世界自然遺産となる。

　2000年代以降にはやはり世界的潮流として海洋保全が推進され、新たに慶良間諸島国立公園が生まれる。この潮流は、西表石垣、山陰海岸、吉野熊野の国立公園などにおいて海域の区域や海域公園地区を大幅に増やす。一方、かつては広域化でまとめようとした国立公園に分離独立が起きる。日光国立公園から尾瀬が、霧島屋久国立公園から屋久島が、上信越高原国立公園から妙高戸隠連山がそれぞれ単独名称として分離独立を果たす。アイデンティティの確立であり、ブランド化と地域の誇りの醸成といってよい。

　わが国の国立公園はアメリカの国立公園の壮大な原生自然であるウィルダネスを範としながらも独自の受容を図り、評価の視点も、山岳景観から高山・原生自然・亜寒帯自然林、海中景観、低層湿原、野生生物、里山・亜熱帯照葉樹林の重視へと変遷した。

　国立公園は国家が意図する自然風景が選ばれる。もちろんそれは国民の理解を得なければならず、国立公園には世論が認める指定理由があるが、その指定理由は時代によって異なる。時代によって、国土に浮かび

あがらせる自然風景が異なるのであり、国立公園の風景表象が異なるといえる。

1930 年代の指定は原始性・雄大性の風景表象を追い求めながら、審美的な風景、感動的な風景の枠のなかにあった。1940 ～ 50 年代は観光振興のために様々な興味地点を指定し、戦前の反動から海岸・海洋重視となり、統一的な風景表象を欠くこととなる。1960 年代になると、自然性・生態系を重視し、原生保護思想に極端に傾斜し、人が近づけない秘境をも指定し、原生自然の風景表象が中心となる。1980 年代には野生生物保護思想が普及し、野生生物の風景表象が現れ、同時に海中の風景、湿原の風景なども照射される。2000 年代になると、生物多様性保全思想と共生・環境文化に基礎付けられた新たな風景表象が出現し、海域へのまなざしも深まる。

4　風景の政治学 —— 自然風景の政治的表象 ——

　自然風景を価値付ける風景評価には、審美的評価、科学的評価のみならず複雑で多様な諸力が働く。特に国家が風景を価値付け、権威付ける国立公園などの風景評価には社会、経済、文化などのさまざまな要因が複雑に絡みついている。このように風景評価に複雑で多様な諸力が働く力学を風景の政治学とよびたい。

　聖地の風景が宗教的意味を表すように、風景はときにナショナリズム、国粋主義、帝国主義、オリエンタリズム、民主主義や支配、抵抗などの政治的意味を帯びるが、風景が政治的な意味を担うことは風景の価値付け・権威付けに複雑で多様な諸力が働くことの一様態である。風景は宗教的意味や政治的意味のほかに、さまざまな文化的意味や歴史的意味なども担うのであり、これを明らかにすることも風景の政治学といえる。

　人々が観賞して楽しむ自然風景でさえ政治性を帯びることがある。近

代に瀬戸内海を地中海と見立てたのは、日本人にとって地形的に理解しやすかったからでもあるが、アジアの覇者として、大日本帝国はヨーロッパ文明発祥の地「地中海」と同じような場所を有していると誇示したかったからでもある。1936（昭和11）年指定の吉野熊野国立公園は当初原生林に注目した大台ヶ原国立公園として誕生しようとしたが、昭和初期の時代背景から国粋主義、皇国史観を重視した吉野熊野国立公園として誕生した。戦後の1948（昭和23）年、旧皇室苑地を公園とした国民公園も、連合国軍総司令部（GHQ）の意図によって、象徴天皇制と民主主義を表象した場所となっていた。国民公園京都御苑はGHQによって民主主義の象徴の場とされた。特に戦前のわが国において国家が指定する国立公園はたんなる自然空間ではなく、政治的意味を表わす表象空間であった。国立公園の自然風景が政治的意味を担うのであり、自然風景が政治的表象を表わすのである。

国立公園法が公布された1931（昭和6）年、雑誌『国立公園』は巻頭に無記名の「風景立国の大本成る」という文章を載せ、皇土に東洋最初の国立公園を誕生させねばならないと唱え、次のようにしるしている[10]。

風景立国の国是はかの産業立国及び海洋立国の国是と共にわが国の現在及将来に対し特に重要なる国策たるを失わず我が風景立国の大本を樹立し皇土に東洋最初の国立公園を実現すべき重要使命を有する国立公園法

東洋最初の国立公園を誕生させることはアジアの覇者になろうとするわが国にとっては極めて重要であり、国立公園は帝国主義につながる覇権主義の文化装置であった。

また、国立公園行政の中枢にいた内務省衛生局長の大島辰次郎（1892-1936）は、国立公園を内定した1932（昭和7）年に、雑誌『国立公園』の「国立公園の使命と保存の精神」という文章に、次のとおり国立公園

---

10) 無記名「風景立国の大本成る」『国立公園』第3巻第4号、国立公園協会、1931年、2頁

を日本人の精神や文化の源泉だとまでいいきる[11]。

> 国立公園は吾人が父祖より継承せる国土の精粋である。我が神州の
> 精気の凝集せるものであって、日本の「本来なるもの」即ち国民精
> 神の揺藍、日本文化の培養床であると同時に亦其具現である。

国立公園はたんなる自然空間にとどまるものではなく、国粋主義の文
化装置であり、国粋主義の表象空間であった。わが国の自然風景は欧米
に劣らず世界に誇るべきものだという志賀重昂『日本風景論』（1894）以
来のナショナリズムが敷衍されていく。『日本風景論』の冒頭に「江山泃
美是吾郷」（江山泃美、是れ吾が郷）としるした志賀にとって、日本人の
故郷の泃美を表す風景こそ国粋の表象であった[12]。大島の国立公園は志賀
の吾郷を置き換えたかのように、自然風景に国粋の意味を見出してる。

さらに、拡大していく帝国主義のコンテクストのなかで、国立公園は
ますます新たな意味を付与されていく。1929（昭和4）年、内務次官で
国立公園協会副会長の潮恵之輔（1881-1955）は、雑誌『国立公園』創
刊号の「国立公園と時代の要求」と題する文章で、樺太、台湾、朝鮮の
景勝地を活用しなければならないとしるしている[13]。活用とは植民地をほ
しいままに支配することにほかならない。

> 北は樺太より、南は台湾に至り、若くは朝鮮をも包含して考ふれば、
> 如何に其の自然の大景が変化に富み、其間に横はつてゐる山川草木
> に夫々の特徴があり、山嶽、沼湖、河海、温泉等に於て優れたる多
> くの景勝地を有することは、今更多言を要せざる所であり、之を今
> 日までのままとして放置すると云ふことは天意に反し、自然への冒
> 涜であらふと思ふのである。

1935（昭和10）年、前述の田村剛は「朝鮮及満州に国立公園の設置を

---

11) 大島辰次郎「国立公園の使命と保存の精神」『国立公園』第4巻第11号、国立公園協
　　会、1932年、2頁
12) 大室幹雄『志賀重昂「日本風景論」精読』岩波書店、2003年、193頁
13) 潮恵之輔「国立公園と時代の要求」『国立公園』創刊号、国立公園協会、1929年、3
　　頁

望む」と堂々と論陣を張る[14]。このなかで、台湾については、台湾総督府が「阿里山及新高山」「タロコ峡」「大屯山」の3カ所の国立公園候補地をあげていることを紹介し、内地の国立公園法をそのまま台湾にも施行し、国立公園の実現を期しているとしるしている。また、朝鮮についても次のとおりしるし、金剛山を第一に推している。

　　金剛山国立公園の声も度々吾人の耳に熟したる所であり（中略）、国立公園は今や世界各国に設置を見つゝあるので、その名称は国家公認の第一流風景地たることを意味するやうになつて来てゐる。これに金剛山を伍せしむることは、決して無意味ではないと信ずる。

　さらに、「最近の朝鮮八景選定の結果などにも徴すべきものがあると思ふが」と付けくわえたうえで、朝鮮と満州国にまたがる白頭山を、米加・米墨の各2国間に存するような国際公園にすべきと主張する。白頭山は鮮満両国の最高峰2,744 mであり、火山地形、一大樹林、火口湖にすぐれ、朝鮮の祖「檀君」（神話）、清朝の祖の発祥地であると紹介する。

　1934（昭和9）年から1936（昭和11）年にかけて内地の12カ所の国立公園を誕生させた直後の1937（昭和12）年、日本の統治下にあった台湾は、大屯、次高タロコ、新高阿里山の3カ所の国立公園を誕生させる。台湾はすでに志賀重昂が『日本風景論』の改訂版で「風景絶美にして、しかも規模は絶大」としるしていたように[15]、植民地化した時からその風景の素晴らしさは知られていた。

　1937（昭和12）年、台湾総督府の国立公園委員会において国立公園3カ所が内定したとき、台湾国立公園協会副会長の小浜浄鉱（1886-1948）なる人物が雑誌『国立公園』で「台湾国立公園の使命」について語っている[16]。小浜は台湾には「熱帯的景観も存し」と語るものの、基本的には

---

14) 田村剛「朝鮮及満州に国立公園の設置を望む」『国立公園』第7巻第9号、国立公園協会、6-9頁

15) 前掲6、324頁

16) 小浜浄鉱「台湾国立公園の使命」『国立公園』第8巻第8号、国立公園協会、1936年、4-5頁

「台湾の代表的風景の特徴は概ね山岳美である」との認識をもち、山岳景観を評価していた。彼はラスキンのようなロマン主義的山岳観を次のとおり示す。

> 大自然の偉力によつて作られた雄渾なる山岳は一度び此境地に到らば誰人も縹茫たる神韻に接し忽にして気宇の暢達を覚へしむ。物質文明に縛られた人々に解放の歓喜を與へ、審美的情操の陶冶に力ある大自然の風景を吾人は国立公園の名に依つて永遠に保存したい。

山岳は登山によって「剛毅果敢なる精神と健全なる肉体を養う」との観点からも評価する。国立公園指定にとって保健は重要な要素であった。台湾の国立公園の特色としては、冬季の高山の登攀、変化ある植物景観・巨樹林、国有地が主、産業上の支障の少なさの４点をあげて整理している。小浜浄鉱は台湾国立公園指定の最も重要な時期に台湾総督府の内務局長を務めた人物であり、この寄稿時も総督府内務局長であった。内地の内務官僚であり、内地の国立公園行政の所管となる内務省衛生局保健課長も務め、内務局長の前任地は福井県の官選知事であった。台湾の国立公園指定は、台湾総督府が行ったものの、あらゆる点で内地の方式が採用された。まさに台湾統治の基本方針である内地延長主義であった。しかも、重要なことは、国立公園として価値付け、照射した風景も、原始的で雄大な高山の山岳景観であり、内地とほぼ同じであった。

　台湾の国立公園指定の中心人物の一人である前述の田村剛は何よりも原始性・雄大性を評価し、高山の山岳を高く評価していた。田村が最も評価したのはロッキー山脈やアルプスのような高山の山岳景観であり、壮大な大風景であった。田村は阿里山・新高山が「世界ノ二大風景地タル『カナディアンロッキー』又ハ欧州『アルプス』ノ風景ニ酷似シタルモノガアル」と述べていた[17]。台湾の国立公園指定には内地と同じ国立公園の選定基準が働いたのであり、内務省衛生局保健課の論理が適用され

---

17) 田村剛『阿里山風景調査書』台湾総督府営林所、1930 年、6 頁

た。

　台湾総督府の国立公園委員会では、台湾南端のサンゴ礁を国立公園にすべきという案が提案されるが、田村は次のように答えて、原案で押しきっている[18]。

　　台湾ハ全然内地ト関係ヲ持タナイデ台湾独特ノ見地デ国立公園ヲ設定セラル、ト云フ御趣旨デアレバ之ハ別問題デアリマスルガ、私ハ国立公園ハ少クモ国内的ニハ一ツノ決ツター定ノ方針ノ下ニ、一定ノ政策ノ下ニ連絡ヲ取ツテ、対外的ニモ、対内的ニモ経営スベキモノデアラウト思フノデアリマス。

　台湾は内地と同じ国内であるから同一の方針のもとに選定されるべきであるという論理を展開する。固有の風土を尊重することなく、内地と同じ国立公園の風景表象を浮かびあがらせようとする。

　1938（昭和13）年、雑誌『国立公園』が「台湾国立公園指定記念号」の特集を組む。田村剛は国立公園協会常務理事の肩書きでその巻頭言に次のようにしるしていた[19]。

　　世界の大帝国たる日本が、他日その燦然たる文化の恵沢を洽く世界人類に享有せしむる底の大理想からすれば、此度の台湾総督府の企画は、至大なる意義を有するものといふべきである。

　ここには帝国主義の時代背景が投影されている。台湾の国立公園は大日本帝国の恵沢であり、大日本帝国の刻印でもあった。

　さらに、国立公園の指定に燃える田村は朝鮮半島、中国大陸の国立公園指定をその視界に捉え、次のように続けていた。

　　由来島帝国日本は、特に南に向つて発展すべき運命に置かれてゐる。熱帯地方に於ける国立公園を、その公園系統に加へることは、極め

18）劉東啓・油井正昭「第二次世界大戦以前における台湾国立公園の成立に関する研究」『ランドスケープ研究』63巻5号、日本造園学会、2000年、377頁
19）田村剛「台湾国立公園の使命」『国立公園』第10巻第1号台湾国立公園指定記念号、国立公園協会、1938年、1頁

て緊要である。而して何れは朝鮮、満州、北支、南支等大陸方向に於ても、これが誕生を期待し得るであらうから、台湾国立公園の設置は、当然の要望であると信ぜられるのである。

　植民地台湾の国立公園は大日本帝国の刻印であるばかりではなく、宗主国の日本人がオリエンタリズムのまなざしを投げかける対象でもあった。ヨーロッパ人が東方の異国をエキゾチシズムのまなざしで見つめながら、同時に蔑視のまなざしを内包していたように、日本人は同じアジア人に対し一線を画して、まるで欧米の一員かのように優位に立とうとした。

　南洋の楽園幻想に原住民が不可欠なように、台湾にも原住民がいた。台湾の原住民は首狩り族として偏見をまじえた強い表象が形成されていた。台湾の山岳地帯には、「蕃人」「蕃族」と称した台湾の先住民族の地縁的な祭祀集団が生活し、その場所を「蕃地」「蕃山」「蕃社」とよんでいた。これらは蔑称であり、差別用語である。開化した蕃人を「熟蕃」とよんだのに対し、とくに教化に服さない蕃人を「生蕃」とよんでいた。民族はタイヤル族、ブヌン族、ツオウ族などからなり、内地では高砂族、高山族ともよんでいた。当時の台湾を紹介した地誌や旅行案内書には、入墨、欠歯や「出草」といわれた馘首の慣習の解説とともに、山腹傾斜地の竹・木・茅の質素な家屋、武器を携行する狩猟姿、杵と臼で粟をつく農作業、額と頬に入墨をした女、裸で踊る祭の男たち、多彩な盛装姿を示す各種族など、エキゾチックではあるが未開の野蛮を強調する写真であふれている。

　国立公園にも同様のまなざしが投げかけられた。雑誌『国立公園』「台湾国立公園指定記念号」の巻頭の口絵写真が雄弁に物語るように、原住民は台湾の国立公園の表象を形成する大きな要素であった。口絵写真15葉のうち、10葉が自然景観、4葉が先住民の風俗、1葉が宿泊施設の内容となっている。

　ここには、宗主国の従属国に対する支配的なまなざしを読みとること

ができる。台湾の国立公園の原住民には、近代社会が見いだしたオリエンタリズムのまなざしが働いている。宗主国大日本帝国の文明と従属国台湾の野蛮、西欧社会の一員としての大日本帝国と未開のアジア、文明国の日本人が観光対象とする未開の少数民族、このような構造のなかに、台湾の原住民に対する日本人のまなざしがあった。帝国主義のなかで培われる少数民族へのまなざしが、エキゾチックなエスニックツーリズムのまなざしと一体になって、国立公園当局が意図しなくても、国立公園の風景表象としておのずとそのような原住民の風景を浮かびあがらせていた。台湾の国立公園は、原始性・雄大性をあらわす高山の山岳風景として、また、原始性・未開性をあらわす原住民の風景として、風景表象を形成していた。

村落の風景表象と
住環境の保全・再生
—— 中国雲南省昆明市の伝統的村落・楽居村を事例に

岡　　　絵理子

はじめに

　中国の都市部では、いずれの都市でも同じような高層ビル群による景観が生み出されている。その一方で自然と共生した暮らしや村落の景観を好む、生活を大切にしたいと考える文化人や富裕層が一定量現れている。

　中国の農村地域では、村の統廃合や開発により多くの伝統的村落が消失している。例えば2004年から2010年の6年間で長江・黄河流域、北西・南西地方に立地し文化遺産として価値が認められる村落のうち7.3％が消失したとの報告がある[1]。これに対し2003年の「中国歴史文化名鎮名村制度」や、村落の保護範囲を拡大した「中国伝統村落2012」選定による保護制度は農村振興政策として全国で展開されている。この農村振興政策は、観光開発主体の手法がとられることが特徴である。

　伝統的村落で永年暮らしてきた村民にとって、たとえ美しいと語りつがれた景観であっても、中国の建国以降の政策が導いた高密で非衛生的な住環境となっていたことから、1978年の改革開放以来、伝統的村落の民家から新しい衛生設備の整った住宅への転出がすすんでいる。一方都市部に暮らす人々にとっては、写真で紹介される風景や訪れた時に目に

---

1) 阮儀三・袁菲：邁向新江南水郷時代—江南水郷古鎮の保護与合理発展、城市規劃学刊、第2期、pp. 35-40、2010

する伝統的村落景観が、豊かな自然と共生した暮らしの場と捉えられ、このような風景に対する強い憧れが、伝統的村落への日帰り観光をすすめている。

　本報告では、村民が転出し住み手がいなくなった伝統的村落の、風景表象としての写真などに憧れ、伝統的村落に観光として訪れた人々が、移住者として開発会社と共にその景観を保全・再生し、新たな住環境を生み出す過程を示すものである。

　日本の伝統的なまちまみや村落環境の保護政策としては、重要伝統的建造物群保存地区指定が位置付けられる。この政策は物理的環境としての建造物群の保護には効果的であるが、住宅の文化財としての保護が求められるため、生活環境としては、古い様式の住宅を守りながら暮らすこととなり、その結果、居住者の高齢化、空き家の増加など建築物に起因する様々な課題が指摘されている。

　一方、中国では伝統村落の保全が全国的に展開されている。その手法は、村民を近代的な住宅が提供されている「新村」に転居させ、伝統的村落である「旧村」を居住者がいない観光地として再生・保全するというものである。本報告は、伝統的村落への移住者が開発会社の助言のもと、自ら住宅を改築・新築し居住している、中国でも特異な事例といえる。

1　昆明市楽居村の概要

　雲南省昆明市は、雲貴高原の中部、海抜1,891mの高地に位置する。年平均気温が15.5℃と冬でも極めて温暖で夏も涼しく、中国で最も快適に暮らすことのできる地域とされている。楽居村は昆明市の中心都市である昆明市街区から北西およそ25km、車で1時間ほどに位置し、昆明市街区の通勤圏にある村である（図1）。楽居村の西端の斜面地に伝統的

村落が位置している（図2）。

2013年8月、楽居村の伝統的村落は、第二弾「中国伝統村落」に選定された。この村落は600年の歴史を持つ、彝族の住んでいた村落で、階段や傾斜のある路地で構成された自然村である。斜面地には、伝統的な住宅形式である「一顆印」とよばれる民家が建ち並んでおり、その瓦屋根が作り出す独特の景観が美しい（写真1）。斜面地に並ぶ「一顆印」の村落景観は、「雲南郷土建築文化」[2]にも紹介されている。第二弾「中国伝統村落」に指定されたことと、中国の国内観光ブームの相乗効果により、「楽居古彝村」として観光化整備

図1　伝統的村落楽居村の位置

写真1　移住者を募集するパンフレットに用いられた伝統的村落の写真（2000年頃の撮影）

2）石克輝・胡雪松：雲南郷土建築文化、東南大学出版社、2003

が始まり、昆明市街区からの日帰り観光地として知られることとなった。

2020年12月時点での楽居村の世帯数は220世帯、人口は971人である。そのうち伝統的村落に居住する村民は6世帯のみで、ほとんどの世帯は伝統的村落の「一顆印」から転出し、農地であった平地にコンクリート造などの家を建てて住んでいる。1978年以降、家を自由に建て、所有することが許されるようになったためである。2021年12月現在楽居村の伝統的村落には移住者が新築・改築した敷地が18あるが、移住者は都市民であるため、村民になることはない。全ての移住者は2地点居住をしており、昆明市街区や他都市に住まいを持っている。そのため、正確な移住者数は把握できない。

2 楽居村のこれまで

1949年中華人民共和国設立当時、楽居村の村民は全て伝統的村落に居住しており、共同作業で農業に従事していた。1958年から1961年、政府の「大躍進政策」を受け、「大製鉄・製鋼運動」が繰り広げられた。楽居村周辺では燐鉱・鉱床が発見され、その運搬のために道路が整備された。その後昆明市街区での都市建設が加速化し、砂や石などの建築材料の需要が伸びた。楽居村周辺の山地は採砂場となり、その運搬のための道路がさらに整備された。1978年の改革開放以降、村民は自らトラックを購入、自営業主として砂の運送業を始めた。楽居村では燐鉱場や採砂場の採掘権を請負人に貸与したことで、毎年村に給付金が支給され、村はこの給付金を村民へ分配した。これにより村民の所得は急増した。1985年から1990年までは、砂の運送業が最も栄えた時期である。当初は伝統的村落に住みながら農地に自己所有のトラックを置いていたが、収入が上がるに伴い、トラックのための駐車場付きのコンクリート造住宅の建設が始まった。手狭であった伝統的村落の住まいから平地への転出が始

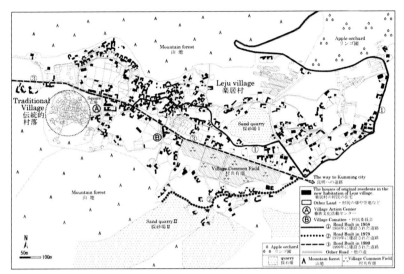

図2　楽居村の現況図（2022 年）

まった。

　2018 年、自然環境の保護と緑の回復のため燐鉱場や採砂場は閉鎖された。2019 年からは植生回復プロジェクト「西山区楽居植被恢復項目」が始まった。現在は運送で生計を立てている世帯は少なく、昆明市への出稼ぎが主な収入源となっている。

　図2に、現在の楽居村の様子を地図で示す。西に伝統的村落がある。伝統的村落は東向き斜面となっており、最も高いところに土主廟が祀られている。土主廟は、現在も村民の絆の中心となっている。伝統的村落から昆明市街区へ至るバス道は 1999 年に整備され、その翌年伝統的村落のふもとの広場とコミュニティ施設（彝族文化活動中心）が整備された。平地一帯に 1978 年以降に建設された、2階建や3階建の鉄筋コンクリートの戸建て住宅が点在している。

3 楽居村「一顆印」の概要

　楽居村の伝統的村落に建ち並ぶ「一顆印」は、雲南省の彝族の伝統的な住宅形式で、四棟の建物が中庭を囲んで配置される漢民族の「四合院」を２階建にした形式となっている。その形が直方体で印鑑に似ていることから「一顆印」とよばれており、清代に現在の形式となったと言われている[3]。

　典型的な「一顆印」を図３に示す。楽居村の伝統的村落には、このような住宅が建ち並び、この住宅にはある家族が1979年まで居住していた。その後の保存状態が良好であったので、開発会社が修繕、保存し、モデル住宅として整備している。

　村落の敷地は西側が高い雛壇になっており、「一顆印」はひな壇の下側（東側）に「大門」を向けて立っている。斜面地の等高線に沿ってつくら

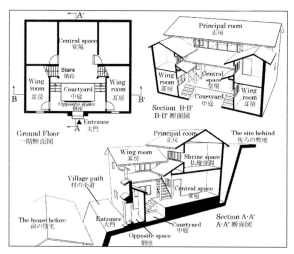

図３　楽居村の典型的な「一顆印」の平面図と断面構成図

3）石克輝・胡雪松：雲南郷土建築文化、東南大学出版社、2003

れている路地から「大門」を入ると、「倒座」と呼ばれる屋根のある空間がある。「一顆印」は「大門」から見ると左右対称となっており、中庭を「正房」と左右の「耳房」で囲んでいる。「正房」は三つに区切られ、中央の「堂屋」は、本来は神聖な場所として儀式の時に使われていた。またその上階は祖先を祀る祭壇のある場所となっている。「耳房」が左右二つあることから「三間二耳の一顆印」と呼ばれている。1階と2階はほぼ同じ間取りで、「正房」と「耳房」の間に左右二つの階段がある。この形式を元に、「耳房」が一つ、階段が一つなど、実際にはさまざまな「一顆印」がある。

　ひとつの「一顆印」には、両親、長男世帯、次男世帯の3世帯が住むことが一般的で、左の「耳房」に長男世帯、右の「耳房」に次男世帯がすむという慣習があった。しかし、1949年の建国以降、国の政策として転居の自由がなくなり、人口が増加した。多くの世帯が一つの「一顆印」に住むことになったため高密度化し、「一顆印」の住まい方の規範や慣習は失われていった。また、上・下水道は整備されておらず、トイレや風呂の設備はなかった。中庭で鶏を飼い、路地に豚舎を立てて共同トイレとしていたため、非衛生的であった。このことが、村民が伝統的村落を転出した要因である。

4　「一顆印」による村落の景観構造

　伝統的村落である楽居村は、写真1に示す特徴的な「一顆印」の建ち並びによる景観が特徴的で、この景観を見せる視点場として広場が整備されている。また、この景観の写真が観光雑誌などに紹介され、観光客を呼んでいる。

　伝統的村落楽居村の景観的特徴は次の3点である。

1）破風；「耳房」の切妻屋根の妻側と階段室の妻側の破風の三角

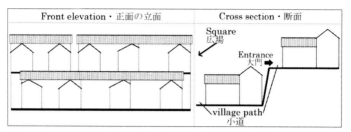

図4　広場を視点場とする「一顆印」が作り出す村落景観の模式図

2）瓦屋根：「正房」の切妻屋根の平側の瓦屋根

3）土壁：「耳房」、階段室の妻側破風のある壁

　「一顆印」の大門からみた立面図の分析により、伝統的村落の広場からの景観は、図4に示すように「一顆印」の妻や破風の三角と、正房の平側の瓦屋根、土壁が斜面に雛壇状に並ぶ構成になっている。

5　開発会社による伝統的村落景観の保全・再生

　2007年7月、政府は第二弾「中国伝統村落」への指定をめざし、伝統的村落の保護を目的に開発会社を公募した。その結果、開発会社「雲南神工実業集団公司」が開発権を得て、子会社「昆明楽居古彝村旅遊景区開発有限公司」を設立、2008年3月村から伝統的村落の住宅及び敷地の使用権を300万元、村の後背空地や広場の使用権を200万元で一括買取した。広場は、村民と開発会社、移住者がともに利用できることが約束されている。

　一方、2008年「昆明理工大学城郷規劃研究院」は「西山区団結鎮楽居村保護開発規劃」を策定した。その内容は、1）計画の範囲、2）広場・川の整備、3）伝統的村落における「一顆印」の修繕・改築、4）伝統的村落周辺の山間部の「生態農業園」の建設の4項目からなっており、3）の方針として、「元の位置、元の面積、元の高さ・階数、元の風景を守る」が

示された。それを受けて、開発会社はそれぞれの敷地における「一顆印」のあるべき姿を示した計画図「楽居建築修繕改造設計方案」を策定した。その頃から楽居村は昆明市街地からの日帰り観光地として注目を集めるようになっていた。

　2013年8月、楽居村の伝統的村落は、第二弾「中国伝統村落」リストに指定されたことを受け、2015年、村民委員会は政府からの助成金と村民からの徴収金、寄付金、村民の労務寄付により、伝統的村落の上・下水道整備、路地や階段の整備、太陽光街灯、村の入り口の門や碑、橋の整備、観光センターの建設を行った（図5）。

　開発会社役員は、伝統的村落景観や環境が気に入り、自らも住むつもりでいた。斜面地にある住宅は家の前まで車で入ることができないなど不便ではあるが、自身と同様にこのような環境を好む人がいるに違いないと考えた。

　開発会社による移住者の受け入れは次のような手順で進められた。

1）建築材料運搬道路の整備；上部の敷地に建築資材を運搬するため、村落の最も高い敷地に至る道路を整備した。この道路は基盤整備や住宅の改築・新築などの工事のために使われているが、移住者の日常生活には提供されていない。

2）移住者の募集と選定；現地に簡単なパンフレットを置き、昆明市からの日帰り観光として「楽居古彝村」を訪れた人を対象に、村落への移住者の募集を開始した。広告などを用いた村の宣伝はしておらず、主に口コミで広がっているという。移住者の選定は役員が面接で行っており、その「選定基準」は、「この村でどのような生活をしたいか」である。村落の景観や居住環境を好み、長期間住み続けることを望んでいる移住者を選定している。

3）移住敷地の決定；役員面接で選ばれた移住者は、村落を見て回り、気に入った敷地を選択し、使用権を購入する。価格は開発会社と移住者の話し合いで決められるが、例えば敷地面積200㎡であれば、50

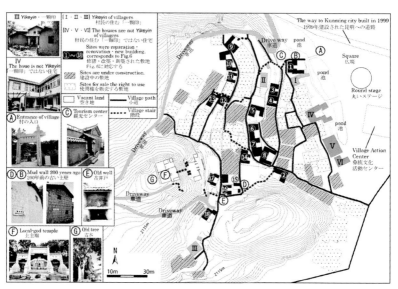

図 5 楽居村伝統的村落の建物・土地利用現況図

年の使用権はおおよそ30万元（463万円）である。

　移住者は「楽居建築修繕改造設計方案」に沿って、朽ちている住宅の改築や新築を自己資金で行い、開発会社は、設計者として、あるいは施工業者として移住者をサポートしている。その金額は改築・新築、施工方法によりさまざまであるが、木造で「一顆印」を新築した移住者は200万元（およそ3000万円）かかったと答えていた。

6　移住者により改築・新築された住宅の従前・従後

　使用権を開発会社から買い取った移住者が、改築・新築した18敷地の位置を図5に示す。また、従前・従後の立面比較を図6に示す。前述の「楽居建築修繕改造設計方案」に従い、「元の位置、元の面積、元の高さ・階数、元の風景を守る」を原則に、構造や材料は自由に住宅を計画し、

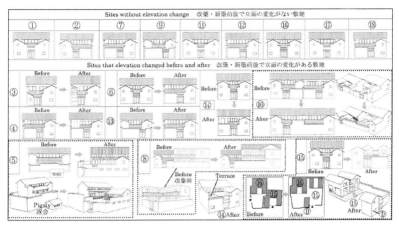

図6　移住者が改築・新築した18敷地の住宅の従前・従後比較

　開発会社が施工している。ただし、屋根は開発会社が斡旋する業者の瓦を用いて葺くこと、外壁は土壁であることは、全ての敷地に共通して守られている。

　18の敷地のうち⑤、⑧、⑩、⑮、⑯の5敷地を除く13の敷地では、「元の面積、元の高さ・階数、元の風景を守る」という基準に従い、「一顆印」特有の立面を守っている。その構造は木造に限らず、新築のコンクリート造、混構造などさまざまで、木造でも新しい木材を用いた新築や古材を再利用した新築があり、一見して新築か改築かを判断することは難しい。また、室内の間取りは「一顆印」とは異なり、現代的な台所、浴室や水洗トイレ、洗面所などの設備を整えた自由な間取りとなっており、破風をなくしテラスを設けた住宅（④、⑭）もある。先述の、移住者の意向であえて「三間二耳の一顆印」（図3）の様式を守って木造で新築された住宅もある。

　⑤、⑧、⑩、⑮、⑯の5敷地は、「元の面積、元の高さ・階数、元の風景を守る」とはなっていない。下記、個別に従前、従後の変化を見る。

　⑤の敷地の場合：移住者はより広い住宅を得たかったので、隣接する

地盤高さの違う豚舎が建っていた敷地を購入し、破風のある部屋を増築し、全体の改築を行った。元の「一顆印」にあった破風はなくなったが、増築した部分の破風がそれにとって代わった。

⑧の敷地の場合：改築前は「一顆印」ではなく、陸屋根のコンクリート造の住宅であった。切妻の瓦屋根をのせ、立面に妻側の破風と瓦屋根が見えるように修景された。

⑩の敷地の場合：改築前は、「聯排一顆印（長屋型一顆印）」で2軒の住宅であったが、1軒の住宅として大門は1つに改修された。

⑮と⑯の場合：移住者は、2敷地を購入し、大門を1つにした。⑯の敷地の「一顆印」はそのまま改修したが、⑮の「一顆印」は「耳房」を1つ残して取り壊し、庭をつくった。⑮の敷地の住宅の裏の空き地に「耳房」の破風を模した2つの破風を持つ2階建て住宅を新築した。⑮の「耳房」を残したのは、道に面した200年前の土壁を残すためである。

以上のように、移住者が新築・改築した住宅の建つ18の敷地のうち、13の敷地は「元の面積、元の高さ・階数、元の風景を守る」という基準に従い新築・改築されていたが、5敷地は必ずしもそうではなかった。しかし、いずれも立面には「一顆印」が造り出していた伝統的村落景観の破風、瓦屋根、土壁の景観の構成要素を取り入れた新築・改築となっており、伝統的村落の景観を継承していると言える。

おわりに

「元の位置、元の面積、元の高さ・階数、元の風景を守る」という基準や、策定された計画案は、必ずしも厳密に守られてはいないが、開発会社はパンフレットに用いられた広場から視認できる村落の景観を大きく変化させることがないよう、「一顆印」の立面に見られる破風、瓦屋根、土壁の構成要素を意識し移住者を誘導しており、また移住者は村落の環

写真2　再生されつつある楽居村伝統的村落の景観（2019 年）

境や景観を理解し、パンフレットにあった写真の景観の再生を進めている（写真2）。一方で、立面として視認されることがない内部の構造や素材について、移住者の自由に任せているため移住者の満足度も高いと考えられる。

　村民に、上・下水道が整備され、衛生的になった伝統的村落に戻る意思があるかを尋ねたところ、戻りたいと答えた村民は皆無であった。人が風景からどのような住環境を読み取るかは、居住経験に大きく左右されている。「楽居古彝村」のパンフレット写真は、移住者にとっては魅力的と捉えられたが、そこから想像される住環境が移住者の意識にどのように形成されたかはさらに調査をすすめたい。

【付記】
　本報告は、日本建築学会計画系論文集 87 巻（2022）792 号に掲載された、高璐（関西大学大学院博士後期課程 3 年）と著者との共著「開発会社と移住者による「一顆印」の村落景観の保全・再生に関する研究―中国雲南省昆明市の伝統的村落・楽居村を事例に」のデータを用いて、新たに構成しなおした。

風景表象研究班の3年間の活動
（2019年4月〜2022年3月）

野 間 晴 雄

2019年度

第1回　2019年6月29日（土）

　齋藤鮎子：フードスケープ（food scape）

　　　　　── ハノイ郊外の食品加工専業村の家内工業の実態 ──

　西田正憲：紀行文等にみる瀬戸内海の表象

　蜷川順子：マクシミリアン1世と風景画 ── 帝国のフレーミング ──

第2回　2019年12月8日（火）

　林　　倫子：京都鴨川の風景表象 ── 東山鴨水と山紫水明

　吉田雄介：近代における風景表象の変化

　　　　　── イランの絵画および絨毯等を事例に ──

　嶋中博章：近世フランスにおける旅の風景

　藤井信之：ヘロドトスが見た風景：古代エジプトにおける人・動物・神

第3回　2020年1月30日（金）

　田邊めぐみ：異界の風景から祈りの風景へ

　　　　　── 風景表象の日欧比較に向けて

　毛利美穂：植物と医療が形づくる風景表象

　岡絵理子：景観からみた大阪の街理解の方法

　　　　　── 古地図アプリを用いて ──

　野間晴雄：アメリカ南部のコロニアルな風景

　　　　　── サウスカロライナ州チャールストン ──

2020 年度

第 1 回　2020 年 9 月 22 日（火）

　　　西田正憲：国立公園にみる風景評価の変遷

　　　齋藤鮎子：ベトナム紅河デルタにおける食品製造村の製造者間ネッ
　　　　　トワークが織りなすフードスケープ（foodscape）

　　　吉田雄介：19 世紀中期から 20 世紀初頭にかけてのイランの風景絵
　　　　　画の変容

第 2 回　2020 年 12 月 8 日（火）児島惟謙館第 2 会議室・ZOOM

　　　嶋中博章：近世フランス人が見た異国の風景

　　　野間晴雄：ニューオリンズの風景 ── コロニアルから現代へ ──

　　　川合泰代＊：近世日本の人々からみた聖地の風景　── 江戸富士講
　　　　　からみた富士山への信仰と、近世奈良の「町」の春日講から
　　　　　みた御蓋山・春日山への信仰 ──

　　　蜷川順子：領域のフレーミング：風景表象への新しいアプローチ

第 3 回　2021 年 3 月 15 日（月）

　　　田邉めぐみ：風景の中の樹木、樹木がつくる風景
　　　　　　── 日欧風景表象比較の効用とは ──

　　　藤井信之：ピラミッドのある風景
　　　　　　── ネクロポリスの風景表象研究に向けて ──

　　　岡　絵理子：未来都市の風景

　　　毛利美穂：本草からみた聖なる風景

　　　＊招聘者，明治学院大学・非常勤講師

東西学術研究所創立 70 周年記念シンポジウム

　2021 年 10 月 31 日（日）　関西大学千里山キャンパス以文館 4 階

　　　野間晴雄：湿地（wetland）と原生自然（wilderness）の風景学

　　　蜷川順子：野生の風景表象 ── 近世初期の西欧を中心に ──

2021 年度

第 1 回　2022 年 3 月 1 日（火）

　　　野間晴雄：風景表象研究班のこれまでとこれから

　　　西田正憲：表象空間としての国立公園と国民公園

　　　林　倫子：近代文学にみる「山紫水明」の風景

　　　小野寺　淳*：長久保赤水とその日本図作成の系譜

　　　*招聘者、神奈川大学・国際日本学部教授（当時）

第 2 回　2022 年 3 月 14 日（月）　関西大学梅田キャンパス 701 教室

　　　藤井信之：ナホムの書に描かれた「テーベ陥落」の風景表象

　　　田邉めぐみ：花ものいう —— 時季の表現から辿る祈りの風景 ——

　　　全員：1 期の総括と 2 期目の研究テーマ，とりまとめの方向につい
　　　　　て（討議）

第 3 回　2022 年 3 月 26 日（土）〜 27 日（日）

　　国際シンポジウム「風のイメージ世界」

　　International Symposium: The Imagery of Wind　オンライン開催

　　〈主催〉国際シンポジウム『風のイメージ世界』実行委員会

　　〈共催〉関西大学東西学術研究所風景表象研究班、ネーデルラント美術
　　　　　研究会

　　　蜷川順子：ヒール・ファン・デル・ウェイデンの風の表象

　　　The Representation of Wind by Rogier van der Weyden

　　　ほか 13 報告　日本時間　両日とも　17：00 〜 21：00

研究会の会場は関西大学・児島惟謙館第 2 会議室ある。2020・21 年度は
コロナ禍のために、オンラインでの発表を併用した。

【執筆者紹介】(執筆順)

蜷　川　順　子　　関西大学名誉教授

嶋　中　博　章　　関西大学文学部准教授

野　間　晴　雄　　関西大学文学部教授

林　　　倫　子　　関西大学環境都市工学部准教授

西　田　正　憲　　奈良県立大学名誉教授

岡　　　絵理子　　関西大学環境都市工学部教授

関西大学東西学術研究所研究叢書　第 17 号

風景表象の比較史

令和 5（2023）年 3 月 15 日　発行

編　著　者　　野　間　晴　雄

発　行　者　　関 西 大 学 東 西 学 術 研 究 所
　　　　　　　〒564-8680　大阪府吹田市山手町 3-3-35

発行・印刷　　株式会社　遊　文　舎
　　　　　　　〒532-0012　大阪府大阪市淀川区木川東 4-17-31

Comparative History of Landscape Representation

Contents